广州市高等学校社会工作名师工作室项目
（项目编号：2022MSGZS005）成果

家事调解
实务教程

JIASHI TIAOJIE

SHIWU JIAOCHENG

王雪莲　李伯平　/　编著

中国社会出版社

国家一级出版社 · 全国百佳图书出版单位

图书在版编目（CIP）数据

家事调解实务教程 ／ 王雪莲，李伯平编著．－－ 北京 ：
中国社会出版社，2024.8. －－ ISBN 978-7-5087-7080-2

Ⅰ．D923.9

中国国家版本馆 CIP 数据核字第 2024CC4112 号

家事调解实务教程

出 版 人：程　伟

终 审 人：郑双梅

责任编辑：孙武斌

装帧设计：时　捷

出版发行：中国社会出版社

　　　　　（北京市西城区二龙路甲 33 号　邮编 100032）

印刷装订：北京虎彩文化传播有限公司

版　　次：2024 年 8 月第 1 版

印　　次：2024 年 8 月第 1 次印刷

开　　本：160mm×230mm　1/16

字　　数：126 千字

印　　张：10

定　　价：45.00 元

Contents 目录

家事调解服务概述

第一篇

一、背景

我国婚姻家庭案件数量大，几乎占据民事案件的 20%。家事纠纷案件的大量涌现，无疑反映了诸多的家庭问题及社会问题。同时占据了有限的司法资源，诉讼机制本身的局限性日益突显，有些案件即使经过多轮审理，包括可能的再审，仍然没能彻底解决。再者，家事案件具有很强的人身性和私密性，其审理模式和适用原则与普通民事程序不同，而且家事案件的类型复杂多样，例如亲子关系案件、反家庭暴力案件等家事非讼案件与抚养、夫妻财产制等家事争讼案件适用的诉讼原则亦迥然有别。考虑到家事案件的这些特征，为实现家事审判的专业化、集中化，以及裁判标准的统一，有必要尝试制定更为灵活、细腻和统一，且与家事程序特征相符合的家事审判程序规则。

近年来，我国对构建家事审判制度的重视程度在不断提高，而家事调解制度更是成为家事审判制度中举足轻重的一环。特别是在 2016 年启动的家事审判改革中，各试点法院对家事调解制度的建立进行了积极的探索与实践。在这样一个利益多元、价值多元的时代，家庭成员间的纠纷屡见不鲜，且内容日趋复杂。因此，家事纠纷的解决机制也呈现出多样化的特点。在这些机制中，家事调解既顺应了世界发展趋势，又拥有了深厚的本土基础。本教程旨在探讨社工介入婚姻家事案件的必要性、模式、流程和技巧，以完善社工介入婚姻家事调解的机制，更便捷高效地处理婚姻家事纷争，进而促进社会的和谐稳定发展。

二、社工介入法院家事调解

（一）家事调解的概念

家事调解是专门针对家事纠纷案件的一种调解方式，涉及离婚纠纷、财产纠纷、抚养权变更、抚养费纠纷、继承纠纷等多种类型。在家事纠纷中，除了财产利益的纷争，还伴随着情感因素的纠葛。情感因素的存在容易导致当事人产生负面情绪，造成当事人无法理性面对问题，盲目坚持自己的利益，这无疑增加了调解的难度。根据《全国人民调解工作规范》规定，人民调解委员会根据需要可聘任一定数量的专兼职人民调解员，要注重吸纳律师、公证员、仲裁员、基层法律服务工作者、心理咨询师、医生、教师或专家学者等社会专业人士和退休法官、检察官、民警、司法行政干警以及信访、工会、妇联等部门退休人员担任人民调解员。他们会去协助家事案件中的当事人协调离婚、财产、抚养权等事项，并使双方达成协议。而随着家事调解实践的不断探索和发展，其形式和方法已经有了很大的突破。一些地区已逐步引入了社工服务，但更多地区的社工服务并未得到广泛认可，仍存在一定的局限性。另外，由于部分社工不清楚调解员和社工的角色界限，过度倾向于调解员的身份，导致难以运用社工的专业技巧融入家事调解服务中，甚至有些社工直接转变成了家事调查员角色，这既偏离了社工服务的初衷，也限制了他们在调解过程中的作用。

（二）家事调解的类型及其比较

法院的家事调解具有一定的时效性，一般是 1~2 个月的时间，这就需要社工在 1~2 个月内完成家事调解服务。因此，社工介入法院的家事调解服务对社工调解员的要求更高，需要社工拥有更扎实的法律知识和更专业的个案服务能力。

家事调解服务比较表

服务	一般家事调解	社工介入法院家事调解
关系建立	直入主题，强调关注服务对象的诉求	运用法院调解员的相对"权威"的身份及社工"温暖"的身份快速与案主建立专业关系
时空焦点	1. 集中处理现在及将来的安排 2. 除非对解决事情有帮助，否则不探讨过去的事	处理有特殊意义的过去经历以减少对现在及未来的负面影响
目标	以双方自愿参与为基础，通过协商，寻求双方均可接受及满意的解决方案	1. 促进个人成长及缓解过去未了解的经历 2. 建立及强化现在及未来的适应能力，促进成长
处理手法	1. 协助案主双方重新界定问题，明白彼此的关注 2. 引发多角度思考及开拓弹性，提倡合作及"双赢"的方案	运用辅导技巧，使案主深入并重新认识问题，有所领会，理性思考
情绪处理	确认案主的情绪，并鼓励作情绪控制，如有必要，作有限度的纾解	为案主舒缓情绪，引导其倾诉和释放负面情绪
强项/优点	1. 符合经济效益及省时 2. 减低敌意，提升解决问题的能力 3. 增进沟通及长远合作	1. 促进个人成长及治疗创伤 2. 协助案主恢复正常运作 3. 提升自我反省

（三）"法理情"家事调解服务项目设计

婚姻家事调解服务是通过调解员对处于婚姻家事纠纷中的当事人进行协调，帮助双方当事人达到缓解负面情绪、理性面对婚姻问题、理性选择婚姻关系是否继续、理性争取自己的合法权益，并引导双方适应离婚后生活等的服务。项目引入社工，联动妇联、法院、街道、社工站、居委会和其他社会组织，共同开展婚姻家事调解服务。

"法理情"家事调解服务项目采用全方位的角度，运用社工婚姻家庭服务经验和模式，向因正在婚姻家事案件诉讼阶段或已完成诉讼阶段而出现困扰的妇女或未成年人等提供情绪支持和生活规划等支援性服务，以帮助他们理性面对婚姻问题，调适或恢复他们的家庭关系。项目期望可以通过服务的开展，促进婚姻家庭辅导服务全面发展。项目特别关注在离婚和家庭暴力案件中处于弱势的妇女和儿童。

1. 服务宗旨

关注婚姻关系，促进家庭和谐。

2. 服务目标

（1）缓解双方当事人的负面情绪。

（2）促进双方理性应对婚姻问题，并作出理性的选择。

（3）厘清事件的影响，以及家庭或个人日后的生活规划。

3. 服务理念

（1）相信当事人有能力了解自己的婚姻家庭问题，并作出回应。

（2）相信当事人有能力面对婚姻家庭困境，并作出选择。

（3）相信当事人有能力修复或改善婚姻家庭关系。

（4）相信当事人有能力规划日后生活，并使其变得美好。

4. 主要服务对象

（1）濒临离婚的妇女及其家庭。

（2）家庭暴力案件中的妇女或儿童。

（3）因家事纠纷而陷入困境的妇女或儿童等。

5. 调解员界定

根据《广州市中级人民法院家事调解工作指引（试行）》第三条，家事调解员由司法、民政、工会、团委、妇联、公证机构等单位及企事业单位、基层群众组织推荐。通过政府购买方式开展家事调解工作的，家事调解员由承接家事调解专项委托服务的单位推荐。本教程所指的调解员主要是指在家庭服务环境下工作的社会工作者（以下简称"社工"）、心理咨询师、其他社会组织的社工、具有一定调解经验的人士等。

家事调解员上岗前均需通过一系列培训，要掌握一定的调解技巧和相关的法律知识。

6. 调解服务内容

（1）疏导负面情绪：社工需要以同理、包容、陪伴以及支持等方式协助妇女舒缓情绪，鼓励当事人勇敢地面对离婚诉讼的现实，重建自信心。

（2）引导理性面对问题：帮助双方当事人分析婚姻问题、矛盾和冲突背后的原因，并通过专业的社会工作手法，引导双方理性看待和应对。

（3）引导达成共识：根据案主的情况，协助双方探讨多项可供解决问题的方案，并从中协调，令双方达成共识。

（4）心理辅导：在离婚案件中，当事人及子女均容易出现心理问题，甚至导致出现自我堕落和自我伤害的行为，调解员需对他们进行心理辅导，帮助他们走出阴影，重拾对生活的信心。

（5）修复亲密关系：对于婚姻关系并未完全破裂的夫妻，调解员可以通过个案工作的专业手法，帮助他们协调夫妻关系，修复亲密关系。

（6）生活规划：帮助离婚后的妇女对今后的生活进行规划，以帮助其适应离婚后的生活，顺利度过离婚适应期。

7. 调解服务网络

为了将服务普及辖区居民，项目期望能建立联动机制，搭建资源网络，共同为辖区居民提供适切的家事调解服务。通过站点间的联动，抓早抓小，将家事调解服务广泛铺开，惠及辖区更多有需要的家庭，帮助他们走出婚姻家事困境。

家事调解的流程和模式

第二篇

一、社工参与家事调解的作用

（一）兼具支持者、协调者和资源获取者等角色

社工参与调解，不仅具备作为调解员的角色，同时具备作为支持者、协调者和资源获取者等社工的角色，社工期望将多重角色进行协调和转化，更好地去帮助当事人。即社工不仅会作为调解员为当事人提供调解服务，还会给予当事人相应的支持，帮助他们协调婚姻家庭关系，以及根据当事人的具体情况链接相关的资源去帮助他们解决家事问题。

（二）更关注当事人的需求，有针对性地提供调解服务

社工更注重梳理当事人的婚姻家事问题，评估当事人的需求，并根据当事人的需求，针对性地提供情绪疏导、婚姻关系修复、婚姻家事调解等服务，帮助当事人走出婚姻家事困境。

（三）注重综合运用专业理论和技巧，帮助当事人走出困境

社工会根据当事人的具体情况和需求，综合运用心理辅导、哀伤辅导、危机介入等社会工作和心理的专业手法，以更科学高效地帮助当事人及其子女避免或降低心理伤害。

（四）更注重于调解后的生活规划，引导当事人积极面对生活

社工期望避免失败的婚姻或者破裂的家庭对当事人日后的生活

造成负面的影响，故在家事调解过程中注重与当事人探讨调解后的生活规划，并提升当事人的自信心，鼓励当事人积极面对未来的生活。

二、家事调解的原则

（一）合法原则

调解婚姻家庭纠纷，不能违反民法典的规定，特别要注意保护妇女、儿童和老年人的合法权益。

（二）公平原则

调解纠纷，应当公平优先，要对家庭成员的优缺点以及对家庭的贡献作基本的衡量，在此基础上促成双方形成协商的可能性。只有有效地贯彻公平原则，才能使双方对调解建立信任，并愿意通过调解寻找可能的纠纷解决方案。

（三）尊重原则

调解员在进行调解时会发现，有些当事人所作出的选择从旁观者看来未必是最好的，即便经过社工介入引导，当事人出于自身意愿仍会作出同样的选择，这时调解员需尊重当事人的意愿和选择。

（四）接纳原则

调解员在调解的过程中需认真听取当事人所表达的想法。例如，一位出轨的丈夫在外面有情人并发生性关系，但是表示和情人没有产生感情，他认为这不算出轨。在这样的情况下，调解员需认真听取并了解当事人的想法，才能更好地跟进并帮助当事人。

（五）价值中立原则

调解员在参与调解的过程中需始终保持中立，这点非常重要。对于调解员来说，每个人的成长经历、社会历练等因素不同，对一些事情的看法自然不同。例如，在遇到当事人有违反社会伦理道德的行为时，有些调解员无法认同，内心会不自觉地指责当事人，下意识地帮助另外一方。在这种时候，调解员就需要注意自己的情绪变化，及时作出调整，保持中立。在调解的过程中，保持中立不是永远地保持中间态度，而是发现一方稍显被动，及时给予鼓励与支持；或者当一方出现非理性行为的趋势时，需适时地分开双方，给予引导。调解员应尽量让当事人双方在一个相对平等的状态下进行协商与沟通，引导双方作出理性的判断，并提出合理且"双赢"的方案。

（六）自决原则

调解中，调解员需保证当事人有自由选择和决定的权利，不能利用任何方式对当事人施加影响，也不能替当事人作决定，要协助当事人评估每项选择的可能结果。利弊分别列明，让当事人清楚选择后果影响的程度，去对比，去权衡，还需特别关注当事人的生活系统，努力使伤害最小化，自决内容不能违反法律法规；自决的结果不可伤害自己或他人的重大利益；自决是当事人在生理或精神方面有能力作出的抉择。

三、家事调解的流程

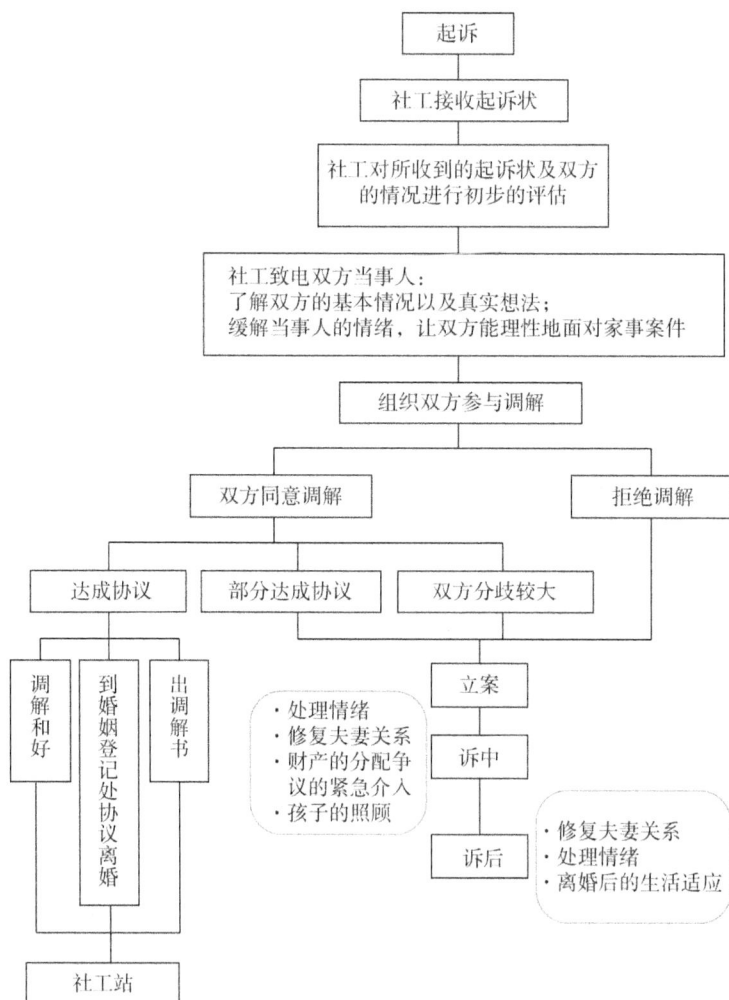

```
                           ┌──────────┐
                           │   起诉   │
                           └────┬─────┘
                           ┌────┴─────────┐
                           │ 社工接收起诉状 │
                           └────┬─────────┘
                   ┌────────────┴────────────────┐
                   │ 社工对所收到的起诉状及双方    │
                   │ 的情况进行初步的评估          │
                   └────────────┬────────────────┘
          ┌─────────────────────┴─────────────────────┐
          │ 社工致电双方当事人：                        │
          │ 了解双方的基本情况以及真实想法；            │
          │ 缓解当事人的情绪，让双方能理性地面对家事案件  │
          └─────────────────────┬─────────────────────┘
                        ┌────────┴────────┐
                        │ 组织双方参与调解  │
                        └────────┬────────┘
                ┌────────────────┴──────────────────┐
          ┌─────┴──────┐                      ┌──────┴─────┐
          │ 双方同意调解 │                      │  拒绝调解  │
          └─────┬──────┘                      └──────┬─────┘
       ┌────────┼────────────┐                       │
   ┌───┴───┐ ┌──┴───────┐ ┌──┴──────┐                │
   │达成协议│ │部分达成协议│ │双方分歧较大│              │
   └───┬───┘ └──────────┘ └──┬──────┘                │
```

- 达成协议
  - 调解和好
  - 到婚姻登记处协议离婚
  - 出调解书

- 部分达成协议 / 双方分歧较大
  - ·处理情绪
  - ·修复夫妻关系
  - ·财产的分配争议的紧急介入
  - ·孩子的照顾

- 立案 → 诉中 → 诉后
  - ·修复夫妻关系
  - ·处理情绪
  - ·离婚后的生活适应

- 社工站

四、社工参与调解的理论模式

序号	个案类型	理论模式	目标
1	陷入思维陷阱，无法理性面对家庭问题的当事人	认知行为治疗	改变错误思维，进而改变行为，促进家庭关系
2	当事人的情绪或心理问题突出	理性情绪治疗模式	1. 缓解情绪或心理问题 2. 理性应对家庭问题
3	关系未完全破裂，需要修复家庭关系的当事人	萨提亚家庭治疗模式	1. 改善家庭相处模式 2. 修复家庭关系
4	关系已经破裂，需要调解达成共识的当事人	轩斯家事调解模式	1. 促进当事人对问题的了解 2. 调解已达成协议

（一）认知行为治疗模式

1. 认知行为治疗模式的内容主要涉及认知行为治疗的两个基本假设、三种意识层次的理论假设，以及依据这些理论假设而设计的治疗方法和技巧。

（1）认知行为治疗模式的基本假设

认知行为治疗模式，顾名思义，是以人的认知和行为作为关注焦点的治疗模式。它包含两个基本假设：一是认知对人的情绪和行为有着重要的影响；二是人的行动会影响人的思维方式和情绪。

（2）认知行为治疗模式中三种意识层次的理论假设

①意识（consciousness）。意识处于意识状态的最上层，它是人们作出理性认识和判断的基础，监督和评估人们与周围环境之间的互动交流，把人们过去的记忆与现在的经验连接起来，并且为人们

未来的行动作出规划。

②自动念头（automatic thoughts）。人们在实际处境中快速流动的意识状态，处于意识的下层。它具有难以言表、快速消失，并且伴有强烈情绪反应的特点。

③图式（schemas）。图式是意识状态的最深的层次，它由人们的一些核心信念组成，是对自己和周围环境的最基本认识，影响人们对周围环境信息的处理。如果人们遭遇问题，就会在意识的三种不同层面上表现出来。

（3）认知行为治疗模式的治疗方法和技巧

认知行为治疗的技巧包括个案概念化、合作式的治疗关系、苏格拉底式的提问、结构化和心理教育以及认知重塑等。

①个案概念化。根据服务对象的心理结构和问题的特性，将认知行为治疗模式的原理个别化，以适合具体的个案。

②合作式的治疗关系。治疗师依据理解、友好、同理等原则与服务对象建立信任、平等的合作治疗关系，组成调查研究小组，一起观察、一起建立问题的假设、一起设计和执行服务治疗计划等。

③苏格拉底式的提问。通过采用对话式提问调动服务对象的好奇心和探索能力，揭示服务对象的无效的思维方式和行为方式。认知行为治疗模式强调让服务对象参与具体的学习过程，而不是强迫服务对象接受所谓的治疗理论和概念。

④结构化和心理教育。结构化是指通过让服务对象设计日程的安排和提供反馈的方式，帮助服务对象规划自己的生活，提高服务对象的学习能力。心理教育是指运用服务对象日常生活中的经验呈现治疗的概念和要点。

⑤认知重塑。通过识别认知中的错误、理性选择方式的列举以及认知排演等方法，帮助服务对象认识和改变无效的自动思维和图

式，加强服务对象的理性认知。

2. 认知行为治疗模式的特点

（1）认知和行为因素的结合。认知行为治疗模式能够更为准确地把握服务对象行为变化的规律，把认知和行为因素有效地结合起来。

（2）采用综合的方式开展个案辅导工作。认知行为治疗模式既看得到人的行为改变的规律，又看得到人的认知加工特点，使内部和外部有机结合起来，从而用综合的方式开展个案工作。

（二）理性情绪治疗模式

1. 理性情绪治疗模式的理论基础

理性情绪治疗模式以人本主义作为自身理论的基础，认为人天生就有一种不断追求成长发展的趋向。这种趋向在实际生活中表现出两种不同的倾向：一种倾向是发展出健康、理性的生活方式；另一种倾向则是发展出不良的、非理性的生活方式。因此，理性情绪治疗模式强调，人的自由选择是相对的，它受到环境和周围人的影响。

2. 理性情绪治疗模式的治疗技巧

（1）非理性信念的检查技巧，即对服务对象情绪、行为困扰背后的非理性信念的原因进行探寻和识别的具体方法。主要包括：一是反映感受。让服务对象具体描述自己的情绪、行为以及各种感受，从而识别出背后的非理性信念。二是角色扮演。让服务对象扮演特定的角色，重新体会当时场景中的情绪和行为，了解情绪和行为背后的非理性信念。三是冒险。让服务对象从事自己担心害怕的事，从而使情绪、行为背后的非理性信念呈现出来。四是识别。根据非理性信念的抽象、普遍和绝对等不符合实际的具体特征分析、了解服务对象的情绪、行为背后的非理性信念。

（2）非理性信念的辩论技巧，即对产生服务对象情绪、行为困扰的非理性信念进行质疑和辨析的方法。非理性信念的辩论技巧主要包括：一是辩论。让服务对象对自己的非理性信念的不合理的地方进行质疑，动摇非理性信念的基础。二是理性功课。帮助服务对象改变非理性信念的语言模式，如"必须……""应该……"等，从而形成理性的思维方式。三是放弃自我评价。鼓励服务对象放弃用外在的标准评价自己，逐渐消除非理性信念的影响。四是自我表露。借助社工表露自己感受的方式，让服务对象观察和学习理性的生活方式。五是示范。通过社工具体的示范行为，让服务对象理解和掌握理性的行为方式。六是替代性选择。借助替代性方法的寻找，帮助服务对象逐渐克服喜欢极端化的非理性信念。七是去灾难化。让服务对象尽可能设想最坏的结果，直接面对原来担心害怕的事件（灾难），从而使服务对象担心害怕中的非理性信念显现出来。八是想象。让服务对象想象自己处于困扰的处境中，并通过设法克服不合理的情绪和行为的反应方式学习与建立理性的生活方式。

3. 理性情绪治疗模式的特点

理性情绪治疗模式是以服务对象的非理性信念的检查和辩论为中心形成的目标清晰、要求明确的治疗方法，具体包括 5 个方面。

（1）明确辅导要求

社工在开始阶段，要根据服务对象的具体情况，清晰简洁地介绍理性情绪治疗模式的基本原理，让服务对象认识到，真正导致自己情绪、行为困扰的原因是自身拥有的非理性信念，而不是引发的事件。

（2）检查非理性信念

社工应鼓励服务对象寻找这些情绪、行为困扰背后的非理性信念，并协助服务对象理解这些非理性信念与具体的情绪、行为困扰之间的联系。

（3）与非理性信念辩论

服务对象应与这些非理性信念展开辩论，认识和了解这些非理性信念的不切实际的地方以及可能产生的危害，并且采取具体的行动改变目前的生活状况。

（4）学习理性行为方式

服务对象需要在社工的指导下运用理性的信念替代原来的非理性信念，并且与具体合适的情绪和行为反应方式连接起来，逐渐建立理性的生活方式。

（5）巩固辅导效果

通过一些具体的练习，帮助服务对象在自己的实际生活中运用理性的生活方式，巩固和运用辅导的效果。

（三）萨提亚家庭治疗模式

萨提亚家庭治疗模式是一种心灵体验过程，其最大特点是着重提高人的自尊、改善沟通及帮助人活得更"人性化"（become more fully human），而非只求消除"症状"（symptoms）。帮助人们认识，每一个生命都有着独特的成长脉络，无论旧有的成长模式带给我们什么样的经历和感受，都值得尊重，治疗的最终目标是个人达到"身心整合，内外一致"，实现个人潜能的最大限度发挥。

1. 基本概念

萨提亚家庭治疗模式是关于（1）"我自己"（内在和谐、做自己的主人）；（2）"我"与"另一个人"（人际关系和睦）；（3）"我"所处的系统（社会和谐、家庭或组织成员之间）和谐、协作、有凝聚力等的学问。萨提亚家庭治疗模式使深邃广博的心理学与人们日常生活之间建立起一座桥梁，使每一个人都有机会得到萨提亚温暖而有力的心理支持，达到全新的生命境界。

萨提亚家庭治疗模式不强调病态，而是将心理治疗视为成长取向的学习历程，只要是关心自我成长与潜能开发的人，都可在这个模式的学习过程中有所收获。通俗的解释就是，它动态地解释人及人在与家庭或社会的互动中所产生的种种问题，对现代人的生活具有非常明确的指导价值。正是因为这个特点，萨提亚的理论不会因为社会与文化的变迁而失去实用性。

2. 萨提亚家庭治疗模式的 4 个假设

假设 1：坚信人类适合成长和改变，能够进行各种各样的转变。

假设 2：每个人都拥有他们成长发展所需的所有资源。

假设 3：家庭是一个系统，每个人、每件事情都是相互影响的。

假设 4：治疗师本人及其理念是治疗时最重要的工具。

3. 萨提亚家庭治疗模式的两个阶段

第一阶段：回溯原生家庭重塑自我

原生家庭是指个人从小成长的家庭。心理学研究普遍发现，原生家庭影响一个人最早且持续时间最久。例如，家庭的氛围、父母的行为方式、家庭的规矩等，对个人的信念、价值观、行为模式都会产生长期、深远的影响，有时甚至影响一生。

在我们的成长历程中，会遇到很多带着原生家庭烙印的心理问题。比如，很多时候看似是夫妻的问题，实质不是夫妻问题，而是他们原生家庭带来的心理创伤，在与亲密的人互动时，旧有的表象再次浮现；以前没有从父母那里得到的满足，现在要在爱人身上加倍得到，亲密关系因此不胜负荷。因此，心灵成长的第一步就是回溯过去，处理未完成的期待。

完成原生家庭回溯后，我们会把目标放在提升内在自我价值上。

萨提亚相信每个个体生命存在本身都是有价值的，只有当我们珍视自己的时候，才能同样地珍视别人、爱别人。如果我们不喜欢自己，就会对别人充满嫉妒或恐惧。当具有较高的自我价值时，我们会发自内心地欣赏自己，就更有能力以一种从容、真诚、勇敢的姿态，充满活力和爱心地面对生活。

在这一阶段，我们运用各种萨提亚家庭治疗模式特有的体验式活动和练习回溯到原生家庭，处理那些儿时遗留下的未满足的期待。学会带着爱去清理原生家庭对自身的影响，划清此时此地和过去的界限，从而清醒地活在当下。认真检视自我价值，清理过往经历在自我价值上产生的负面影响，提升自我，重塑心灵。

第二阶段：关系的"舞蹈"

当我们厘清了过往事件产生的影响，重塑自我之后，我们会比以往更加清晰地了解自己、关爱自己、欣赏自己，这是一切关系的基础。当我们多珍爱自己，就会少要求别人。对别人要求得越少，对自己就越信任。越相信自己，就越有能力付出爱。对别人多一点爱，自己就会少一些恐惧。和他人多一点沟通，就会增进一份连接。因此，只有自信才能帮助我们摆脱孤独和纠纷，不再疏远家庭、他人、集体和民族。

健康的关系都来自平静、安全和自信的心灵。一个人越是活在当下，越是自我价值较高，就越懂得关爱自己，同时也有勇气改变自己的行为，让自己在他人和情境中自洽，在关系中蝶变、翩翩起舞。

在这一阶段，我们将进一步学会理解并欣赏自己、欣赏他人，以及掌握自我与世界的互动模式，从而更好地与他人相处，获得一个理想的人际关系、亲密关系、亲子关系。

（四）轩斯家事调解模式

美国约翰·轩斯博士是家事调解发展领域中一个重要的推动者。他是美国家事调解员学会的创会会长。轩斯博士认为，调解员需要对离婚阶段当事人的情绪反应和需要、离婚适应过程和法律方面的知识等有所掌握，并应用于离婚调解过程中，同时要协助当事人适应离婚的过程。此外，他主张调解员需借用离婚过程的心理知识，以评估当事人是否已准备离婚和是否已准备好参与调解。

此外，轩斯博士认为，调解员担当管理谈判过程中的角色。这包括与当事人进行个别会谈，探索他们各自的个人利益和需要，比较他们的立场，帮助他们表达未表露出来的需要和议程等。

为促进一个公平和成功的协议，调解员会穿梭于当事人双方之间，为他们互相传达信息，修订个人立场。调解员会促进双方明白对方的利益所在，发展共同目标，从一系列的解决问题方案中，找出能够给予当事人双方最大个人利益及共同利益的方案以解决纠纷。如有需要，则促使当事人议价还价、互相取舍，并使用妥协、交易、互相轮流让步等策略达成最后协议。

1. 离婚调解的标准

轩斯博士认为成功的离婚调解需要满足以下 8 个标准。

（1）婚姻中的经济资产需要完全呈报；

（2）公平地分配资产及安排所需生活费，以满足家庭及每一个成员的需要；

（3）没有任何人因协议的达成而成为受害者；

（4）离异父母双方保持直接、开放的沟通渠道；

（5）父母的身份永远受到保护；

（6）子女与离异父母可保持接触；

（7）保持子女能继续与其他亲人接触；

（8）在调解中，加强离异夫妇共亲职（父母即便在离婚之后也能继续为子女的利益而协作和合作）的能力和技巧，以帮助他们自行作共同决定。

2. 离婚调解的过程

轩斯博士指出一般的调解过程可分为 9 个阶段。

（1）当事人发现及同意有需要处理双方的纠纷；

（2）选择合适的方法调解；

（3）选取调解员；

（4）搜集资料；

（5）界定问题；

（6）发展解决问题的方案；

（7）把个人立场转化为个人利益以解决每一个议题；

（8）对不同的解决问题方案进行谈判以达成共同协议；

（9）草拟调解协议。

约翰·轩斯博士的家事调解模式关乎当事人在离婚过程中的心理需要和情绪。同时，他也着重个人的利益能否得到满足。然而，他的关注并没有超越当事人个人层面的考虑，也没有明确指出当事人双方的整个家庭和家庭以外的系统对调解过程带来的影响。

五、家事调解的步骤

社工在针对各类案件的调解过程，会重点运用"法、理、情"贯穿整个调解过程。针对家事案件的调解，社工会在合法和合理的基础上，更多地考虑到当事人的情绪、夫妻的感情、亲人间的亲情，及不同成员的个别化需求，依据他们作出的选择、提出的方案来进行调解。

（一）调解的基本步骤

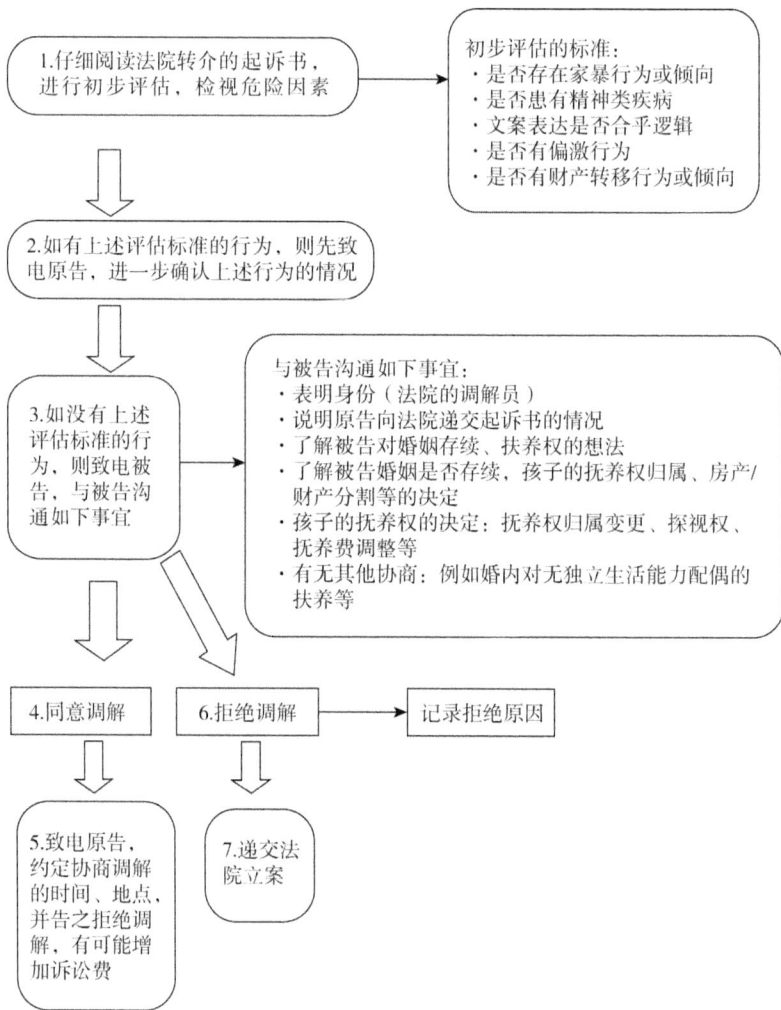

```
┌─────────────────────────┐        ┌─────────────────────────────┐
│1.仔细阅读法院转介的起诉书，│───────▶│初步评估的标准：              │
│进行初步评估，检视危险因素 │        │·是否存在家暴行为或倾向      │
└─────────────────────────┘        │·是否患有精神类疾病          │
            │                      │·文案表达是否合乎逻辑        │
            ▼                      │·是否有偏激行为              │
                                   │·是否有财产转移行为或倾向    │
                                   └─────────────────────────────┘
┌─────────────────────────┐
│2.如有上述评估标准的行为，则先致│
│电原告，进一步确认上述行为的情况│
└─────────────────────────┘
            │
            ▼
┌───────────┐        ┌─────────────────────────────────┐
│3.如没有上述│        │与被告沟通如下事宜：              │
│评估标准的行│        │·表明身份（法院的调解员）         │
│为，则致电被│───────▶│·说明原告向法院递交起诉书的情况   │
│告，与被告沟│        │·了解被告对婚姻存续、扶养权的想法 │
│通如下事宜  │        │·了解被告婚姻是否存续、孩子的抚养权归属、房产/│
└───────────┘        │ 财产分割等的决定                 │
      │   │          │·孩子的抚养权的决定：抚养权归属变更、探视权、│
      │   │          │ 抚养费调整等                     │
      │   │          │·有无其他协商：例如婚内对无独立生活能力配偶的│
      │   │          │ 扶养等                           │
      ▼   ▼          └─────────────────────────────────┘
┌─────────┐ ┌─────────┐    ┌─────────────┐
│4.同意调解│ │6.拒绝调解│───▶│记录拒绝原因  │
└─────────┘ └─────────┘    └─────────────┘
      │          │
      ▼          ▼
┌─────────┐ ┌─────────┐
│5.致电原告，│ │7.递交法 │
│约定协商调解│ │院立案   │
│的时间、地点、│ └─────────┘
│并告之拒绝调│
│解，有可能增│
│加诉讼费  │
└─────────┘
```

前期阶段调解工作流程图

1. 评估及初步调查介入阶段

第一步：初步评估，阅读所收到的起诉状，根据起诉状上的内容，对双方当事人的精神状况、是否有家暴行为或倾向、是否患有精神疾病、是否有偏激行为以及双方的矛盾等进行初步的评估。如有上述评估标准的行为，则先致电原告，进一步确认上述行为的情况。

第二步：与被告联系，表明身份，让其认识目前面临的情况。了解其想法、所遇到的困难和问题等，舒缓其情绪，引导理性面对目前的问题，鼓励其参与调解，与对方协商，提出解决方案。

第三步：与原告联系，了解其想法，缓解其情绪，引导并鼓励其参与调解，积极协商找出解决的方法。

2. 双方参与调解阶段

第一步：在双方参与调解时，向双方当事人表明身份——某法院委托的调解员（某项目社工），表达观点——"在调解中，会保持中立，并不代表任何一方"。

第二步：根据起诉状上的诉求，进一步了解双方当事人的想法及意愿，期待达到的目标。

第三步：安抚、缓解当事人的情绪，根据以下框架方向，对双方当事人进行引导，让双方能够理性选择和理性应对。

中期阶段调解工作流程表

调解流程	具体工作
1. 提前一两天与原告、被告再次确认调解的时间、地点，预防突发情况改期	
2. 提前布置调解室	● 整体以温馨暖色调布局的调解室 ● 布置必要的桌椅、沙发等 ● 准备饮用水、纸巾等用品
3. 调解开始，将调解的需要明确的内容告知原被告双方知晓	● 开场表明身份：法院委托进行本次案件的调解员 ● 保持中立的立场等 ● 将参与调解双方讲述的内容如实记录，并将内容反馈给法院知晓 ● 提供有关调解的几个协议，供调解双方仔细阅读，知晓协议内容，如无异议，请调解双方签名确认同意

调解流程	具体工作
4. 向被告、原告提问，收集双方的观点及意愿，寻找共识和聚焦争议点。一般会先向被告发问，再以同一个问题向原告提问	(1) 婚姻类调解 ●对案件的看法及现状的想法 ●对于婚姻存续与否的看法；若存续，则如何维持和修复关系；若分开，未来的计划是怎样的 ●孩子抚养权事项：孩子的抚养权归属，抚养费的金额，探视权保障及探视频率，若孩子的年龄较大（例如10岁以上），会咨询孩子的意见 ●其他费用的分摊比例 ●房产/财产分割事项：共同财产有哪些？共同财产分割的想法（告知法律关于共同财产分割的比例规定） (2) 扶养费类调解 ●告知扶养的法律依据 ●了解被告以前支付的金额及时间；什么时候出现没有支付扶养费的情况；什么原因导致无法支付扶养费；对扶养费用支付问题的解决方法 ●另外需要咨询原告的问题：起诉的目的是什么？是否有离婚的意愿？如想挽回或维持婚姻，是否还有其他的方法 (3) 抚养权类调解 ●目前抚养权/探视权/抚养费的情况 ●对变更抚养权/变更或保障探视权/变更抚养费的看法 ●对变更抚养权/变更或保障探视权/变更抚养费的意愿 ●对变更抚养权/变更或保障探视权/变更抚养费的解决方法 (4) 赡养类调解 ●目前赡养原告的情况 ●对赡养的看法、赡养费用比例的分摊 ●对赡养的意愿 ●对赡养的解决方法 (5) 继承类调解 ●目前继承的财产内容有哪些 ●对继承财产内容的看法 ●是否有公证遗嘱、其他符合法律要求的遗嘱 ●对继承财产的解决方法
5. 调解员收集被告、原告在调解期间的看法、意愿及解决方法等信息，从中协助被告、原告归纳、总结、厘清双方共识与聚焦争议的问题	

调解流程	具体工作
6. 调解员确认被告、原告争议的焦点问题，需要咨询被告、原告背后的根本原因，这是调解的重要步骤，调解员也可提供法律上对争议问题的规定，协助原告、被告理性争取权益，合理作出决定	
7. 如何达成共识：不断厘清、引导调整原告、被告不实际的期望，促进原告、被告在法律要求基础上提出权益诉求，逐步争取原告、被告都认可的折中点共识	
8. 调解成功	法院出具调解书； 原告撤诉：双方和解，修复关系 　　　　　双方达成协议，结束双方关系
9. 调解失败	记录调解失败原因
10. 递交法院立案	

第四步：协助双方找到共识，达成协议。若双方未能达成协议，引导双方理性地争取，寻找"折中点"，让双方能够达到"双赢"，避免对簿公堂，导致矛盾升级，并鼓励当事人相信自己有能力面对接下来的问题。

3. 后期回访跟进阶段

进行回访，对后续的情况进行评估，是否需要继续跟进或者转介到相关的项目进行跟进。

在处理各类调解案件时，社工会根据不同调解案件的具体情况结合上述步骤进行调解。

（二）常见案件的调解步骤

1. 离婚案件的调解

社工会引导双方理性地看待婚姻的存续，在这个过程中，最重要的是协助双方看到问题背后的原因，若经过社工的引导，双方当事人认为这段关系有修复的可能，社工会进一步跟进和辅导；若经过社工的引导，双方当事人理性地选择分开，社工也会帮助双方当事人理性地规划未来的生活。辅助协商好双方当事人子女的抚养权归属，引导双方当事人明确离婚后的角色定位——虽然离婚后没有了夫妻关系，但还是有父母的角色，子女的抚养权无论归哪一方，都不代表另外一方失去了自己的子女，都需要为子女的成长尽父母的责任。同时，在房产、财产方面，社工会引导双方当事人理性地争取权益，使双方能够达到"双赢"的状态。

针对离婚案件的调解，希望能在社工的积极努力下，使双方当事人理性地对待离婚后的子女抚养、成长教育等问题，充分协商并达成协议，从而避免双方的矛盾升级，导致对簿公堂，进而对子女的成长造成严重的影响。

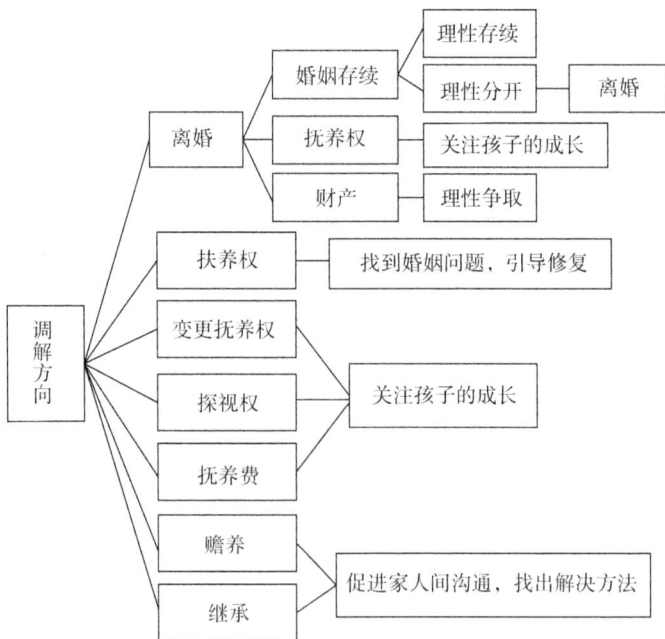

离婚案件的调解工作流程图

☞ **案例一**

背景：

小珍（化名）的丈夫脾气暴躁，当遇到不顺心的事情时，就会粗言秽语地骂她。小珍无法忍受丈夫的这种行为，为了躲避丈夫暂回老家居住，而考虑到儿子读书的问题，暂时把儿子留在广州，由丈夫照顾。目前与丈夫已长期分居，决定与丈夫离婚，儿子的抚养权可以归丈夫。

介入步骤：

①评估及初步调查介入阶段

第一步：社工对小珍所提交的起诉状进行初步的评估。小珍因无法忍受丈夫的行为，已与丈夫分居。小珍为此在情绪上一直受到较大的困扰。

第二步：社工与小珍的丈夫（案中的被告）取得联系，了解了他的想法。小珍的丈夫表示自己已经深深地反省了之前的过错，同时表示对妻子的行为感到气愤，因为小珍只要生气，就会回娘家。他做了很多的努力，无论如何哀求小珍，她都不愿意回来。丈夫很希望能够修复这段关系，表示自己曾经离过婚，知道离婚对孩子造成的伤害，为了儿子，不希望与小珍离婚；同时最重要的是自己对妻子还有感情。

第三步：社工与小珍联系，小珍表示因为丈夫的行为，导致其很害怕回家，害怕与丈夫见面，更害怕在调解过程中，丈夫会骂自己。社工在缓解小珍情绪的同时，让她了解到其丈夫希望能够努力挽救这段关系的想法，并鼓励小珍参与调解，与丈夫进行协商。

②双方参与调解阶段

第一步：向双方当事人表明身份，自我介绍，是法院委托的调解员，同时也是妇联项目社工。在调解当中，会保持中立，不代表任何一方，并对双方当事人讲明保密原则。

第二步：社工了解小珍及其丈夫对于离婚的意愿。丈夫表示自己对小珍仍有爱，愿意改正，希望不要离婚；小珍表示自己也可以原谅丈夫，但是要让丈夫写下一份保证书，保证若出现不可调解的情况而导致离婚，房产和财产要一人一半。

第三步：缓解双方的情绪，引导双方表达其选择背后的原因。小珍的丈夫一开始不理解小珍的要求，直到社工引导小珍说出了其想法背后的原因。由于小珍的丈夫是二婚，小珍婚后总是被人指指点点，且丈夫在做很多决定的时候，只考虑到其与前妻所生的孩子，并未考虑到小珍，小珍便认为丈夫并不在乎自己，开始觉得没有安全感，丈夫及其家人的种种行为使她觉得并没有把她当成一家人，而更像一个外人。

第四步：社工引导小珍的丈夫理解她的想法，最终小珍的丈夫答应了小珍的要求，写下了协议。尽管这份协议没有太多的作用，但在小珍的心里是有另外一层意义的。最后，小珍同意回到广州与丈夫生活，撤销了在法院的离婚起诉。

③后期回访跟进阶段

社工对双方当事人进行回访，在回访的过程中了解到，小珍的丈夫有了较大的改变，小珍也回到了广州与丈夫一起生活，虽然在生活中仍有很多事情需要去磨合和调适，但彼此会尝试沟通并进行调整。社工对双方给予了鼓励和肯定。

2. 扶养费案件的调解

这一类的案件是指夫妻之间在物质和生活上的互相扶助和供养所支付的钱款。社工更需要了解双方情况，特别是被告一方的情况，是遇到了什么情况或原因未能在经济上对处于弱势的一方提供帮助。

☞ **案例二**

背景：

妻子小蓉（化名）离家出走，因中风导致残疾的丈夫无工作能力，生活不能完全自理，求助到法院起诉妻子，要求妻子支付扶养费，并希望妻子能回家。

介入步骤：

①评估及初步调查介入阶段

第一步：社工对案主（小蓉的丈夫）提交的起诉状进行初步的评估。小蓉因为丈夫中风而离家出走，目前丈夫无人照顾，希望小蓉能回来，无奈之下通过法律援助律师以支付扶养费为名让小蓉回来。

第二步：社工与案主妻子小蓉（案中的被告）联系，了解其想法。小蓉表示自己之所以离家出走，并不是因为丈夫中风嫌弃他，而是因为丈夫脾气暴躁，让丈夫遵医嘱注意饮食和运动，反被丈夫骂。为了缓解家庭经济压力，小蓉既要上班工作，回家后又要照顾丈夫，小蓉感到非常地累。尽管如此，丈夫还时常发脾气，并提出无理的要求，双方吵架以后，便马上要求过夫妻生活，小蓉拒绝，丈夫便认为小蓉有外遇。小蓉无法忍受，才选择离家出走，其实在离开家的这段时间，自己也断断续续回家照顾（给钱）丈夫，但丈夫却每次把自己包里的钱偷走。

第三步：社工与案主联系，进一步了解情况。当社工引导案主表达其夫妻双方出现矛盾的原因时，这位丈夫便开始哭泣，表示不知道怎么办。社工称想了解小蓉离家出走时发生了什么情况时，丈夫也表示不知道，拒绝说出当时发生的情况，只是激动地表示想要妻子小蓉回家。

②双方参与调解阶段

第一步：由于案主行动不便，社工没有组织夫妻双方一起前来调解。社工进一步与小蓉沟通，根据与其丈夫沟通后的情况，了解小蓉的意愿。小蓉表示自己的心里还是记挂着丈夫的身体，只是自己真的受不了才会选择暂时搬出来。现在收到丈夫的起诉，自己也不知道之后怎么面对，也不想支付扶养费。经过社工的引导和情绪疏导，小蓉的情绪得到缓解，认识到在夫妻关系中，丈夫确实需要她负责与照顾，最终选择根据自己的能力支付扶养费。

第二步：缓解案主的情绪，引导丈夫觉察夫妻之间出现的问题。丈夫依然不愿意回答小蓉离家出走的原因，只一再表示要求小蓉必须回家，甚至不体谅小蓉的辛苦（尽了自己的能力支付了扶养费），要求小蓉必须支付自己所要求的费用标准。由于无法达成共识，最终其丈夫决定立案。

第三步：社工与案主妻子小蓉联系，让其了解需要面临的状况，引导和鼓励其积极面对。

③后期回访跟进阶段

此案调解不成，仍需要诉诸法律，通过法院判决。在婚姻上，案主妻子小蓉宁可支付给丈夫扶养费也不愿意回归家庭，对此，案主在情感上还不能接受，对支付的扶养费数额也需要进一步商定，社工后续的跟进和帮扶辅导工作还需要持续，以确保案主的权益得到保障。

3. 变更抚养权、探视权、抚养费案件的调解

社工在介入这类案件的时候，更多需要引导双方从父母角色的角度去考虑，避免带着婚姻期间以及离婚时所产生的矛盾和情绪去管教和照顾孩子，避免把双方的矛盾转嫁到孩子身上，以争夺到孩子的抚养权为"胜利"，拒绝对方与孩子见面，拒不支付抚养费等情

况的出现。甚至有父母了解到孩子满 8 周岁后，可以自己表达选择哪一方抚养，他们为了争夺抚养权，就会想尽办法去影响孩子，甚至恐吓或者以金钱利益诱惑孩子进行选择，导致孩子选了其中一方会感觉得罪了另一方，非常地难受。有些案件中，父亲带孩子到法院，孩子表示选择父亲，母亲带孩子到法院，孩子表示选择母亲，这种情况对孩子的成长以及心理造成了严重的影响。社工调解时需注重引导双方意识到，虽没有了夫妻角色，但还是父母的角色，要考虑如何才能更好地让孩子健康成长，减少对孩子的不良影响。

案例三

背景：

小丹（化名）与前夫离婚，儿子的抚养权归前夫，但是一直以来前夫却没有承担起照顾儿子的责任。前夫照顾了儿子一个月，便因为小丹未能及时支付抚养费把儿子赶走，儿子独自找到小丹，自此便由小丹及其现任丈夫一直照顾。小丹与现任丈夫计划回老家工作，而儿子的户口一直在前夫那里，儿子准备读初中，如随小丹回老家会因户籍问题影响其就学读书，而且前夫也不支付抚养费。经过多次协商，未能达成协议，为了儿子的成长，小丹决定让儿子到法院起诉，变更抚养权。

介入步骤：

①评估及初步调查介入阶段

第一步：初步评估，对于小丹来说，目前最大的困扰是儿子的就学读书问题。在与其前夫沟通时，社工调解工作从其儿子的成长等方面入手，更有助于双方达成共识。

第二步：与小丹的前夫（案中的被告）联系，了解其想法。其前夫表示，自己可以补回之前给儿子的抚养费，之后也可以协商抚养费用，也承认自己之前做得不对，但是对小丹提出需要变更抚养权并将儿子的户口迁出这一点表示不同意。这方面，其前夫表示也是为了儿子的将来考虑，因前夫家准备拆迁，将会对户籍人员进行一定的补偿，这笔补偿费用，前夫计划给儿子将来结婚买房使用，若迁出，便没有这笔补偿费用了。在社工的协调下，前夫表示为了儿子的成长，愿意与小丹进行协商。

第三步：与小丹联系，进一步了解情况。小丹表示自己也是出于对儿子成长的考虑，才作出这样的决定，也同意参与社工组织的调解，与前夫就儿子的问题进行协商。

②双方参与调解阶段

第一步：向双方当事人表明身份——法院委托的调解项目社工，在调解当中将保持中立，并不代表任何一方。

第二步：根据起诉状上的诉求，进一步了解双方当事人的想法及意愿，期待要达到的目标。社工发现双方当事人的分歧在儿子的户籍问题及因此导致的抚养权分歧上。

第三步：分别与双方当事人进行面谈，舒缓双方的情绪，协助双方找到共识，达成协议。小丹由于前夫之前的行为，导致她一直带着较激动的情绪，社工在缓解她情绪的同时，引导她理性地看待问题，让她认识到，无论前夫之前做了什么不对的事情，在抚养权及户籍问题上，前夫也是出于对儿子将来的考虑，引导小丹找出解决问题的最佳方案。小丹表示自己已经过深思熟虑，前夫所考虑的是将来的问题，而自己所要考虑的是迫在眉睫地解决儿子读书的问题，因此还是决定坚持自己的想法。

社工与其前夫面谈，肯定了其在抚养费等问题上有对儿子的将来做长远的考虑，引导其意识到自己在之前的抚养费问题上的错误，并建议及时作出补偿。同时，社工也逐步引导其理解、认识小丹作出的考虑，让其思考儿子目前面临的困难。最终前夫同意小丹所提出的方案。

为了减少孩子在抚养权事件上的影响，社工也与未成年人（当事人的儿子）进行了面谈，了解其意愿。若发现情绪等其他问题，将及时转介到相应的项目进行跟进。

③后期回访跟进阶段

对小丹进行回访，其前夫能按时支付抚养费，情况较好，不需要继续跟进。

4. 赡养费案件的调解

这类案件是由于子女没有赡养父母，父母把子女起诉到法院。社工接到案件时，需要保持中立，了解子女的想法以及在调解过程中遇到的困难。社工在接到的个案中发现，出现这类情况多是由于家庭成员之间缺乏沟通，有的是由于子女的经济能力有限，未能及时给予赡养费；也有的是因为与父母之间产生矛盾，相隔了一段时间没有探望和关心父母，导致父母一怒之下，便起诉了子女。社工在调解此类案件的过程中，最重要的是引导双方觉察产生问题的根源，促进双方的沟通与协商，避免矛盾升级，就算最终判决子女要支付赡养费，若不是自愿，仍会因照顾等问题产生矛盾。因此，社工调解工作应尽力做到促进家庭矛盾破冰融合，倡导尊老孝老的传统美德，创建和睦相爱的家风。

👉 案例四

背景：

许太太（化名）身体多病，丈夫中风，靠低保收入和打散工维持家庭的基本生活需求，辛苦把女儿供养上大学。自从女儿上大学谈恋爱以后，便与家里发生矛盾，毕业后结婚、生小孩，没有回家探望父母，未承担赡养父母的义务。双方多次发生冲突，最终许太太和丈夫就赡养以及探望的问题将女儿、女婿起诉到法院。

介入步骤：

①评估及初步调查介入阶段

第一步：初步评估，根据起诉状的内容，对双方出现的矛盾等问题进行评估。由于许太太的丈夫曾中风，在进行调解时，需多加注意其情绪变化。

第二步：与案中的被告（许太太的女儿）联系，表明身份，让其认识目前面临的情况，了解其想法。其表示自己并不是不想关心父母，自己当时是自由恋爱，但自从母亲（许太太）知道了以后，就开始向当时的男友（现任丈夫）提出要礼金，导致自己与丈夫感到反感。后来，母亲便常常情绪激动，每次见面都骂自己和丈夫，甚至还出手打自己的丈夫，报警后双方都被带到了公安局。之后又到公婆家闹事，经居委会和公安局多次调解都无法解决，才导致出现目前的状况。女儿也希望能够通过调解，缓解与父母的矛盾。

第三步：与许太太及其丈夫联系。由于其丈夫中风后表达不清楚，社工与丈夫初步沟通后，再与许太太沟通进一步了解情况，同时缓解其情绪。社工与许太太沟通时，许太太情绪非常激动，不停诉说着事情的来龙去脉，表示礼金等问题是个误会，当时家里知道女儿谈恋爱非常开心，便提出结婚时要摆酒进行庆祝。后来提出希望女儿和女婿能考虑到父母的身体情况，把摆酒的钱省下来给自己和丈夫，以备日后生病时需要。因为缺少沟通而产生了误会，加上其他亲戚的疏摆（误解和不当行为），女儿和女婿便认为自己和丈夫贪钱，造成了误会和矛盾。加上女儿和女婿结婚，并没有告知自己，更是感到非常生气，矛盾激化后在丈夫生病等情况下，女儿也不回来，也不给予赡养费。许太太讲述时情绪非常激动，提出了各种要求，经过社工长时间的引导，才较理性地看待问题，同意进行调解协商。

②双方参与调解阶段

第一步：向双方当事人表明身份——法院委托的调解社工，在调解当中将保持中立，并不代表任何一方。

第二步：根据起诉状上的诉求，进一步了解双方当事人的想法及意愿，期待要达到的目标。据社工了解，许太太和丈夫希望女儿和女婿能考虑家庭的情况及父亲的病情，可以按广州最低生活标准支付相应的赡养费，每周能一家三口回家探望父母一次，当父亲生病时，女儿和女婿能负责带其去看病，并承担相应的医疗费用。而女儿女婿则表示，目前只有女婿在工作，每月的收入不足以支付父母所提出的费用，且考虑到双方矛盾太大，母亲常常情绪激动地骂他们，为避免对孩子造成不良影响，暂时可以先由两夫妻回家看望父母，以后等关系缓和了再考虑带孩子一起回去。关于带父亲看病的要求，女儿和女婿都愿意负责，但是关于医疗费用，两人表示暂时没有支付能力，愿意待自己有工作和有能力后承担。

第三步：社工分别与双方进行面谈，缓解双方的情绪，引导女儿和女婿意识到无论如何都应当承担赡养父母的义务。其女儿考虑到父亲的身体状况，也同意提升赡养费用，尽自己所能照顾父母。社工也引导许太太及其丈夫多体谅女儿和女婿目前的状况，理解年轻人成家立业养育孩子的艰难，双方产生的矛盾需一步步缓解，急于一步到位反而难以解决，容易导致矛盾加深。经过多轮的协商沟通，双方最终达成共识，避免了矛盾的恶化。

③后期回访跟进阶段

社工考虑到许太太及其丈夫的情况，决定转介个案到相关的社工站进行后续的跟进，从社区及社会层面对患病的长者家庭给予支持和帮助，减轻其女儿和女婿的照顾压力。

5. 继承案件的调解

这类案件通常是由于家人之间就房产或财产继承的份额等产生的矛盾和分歧，社工需要缓解家人的情绪，了解每个人的想法，引导家人之间进行协商沟通，避免矛盾升级。在调解的过程中，社工更需在合法、合理的基础上，对每个家庭成员开展引导与沟通工作。通常在一些个案中，会存在个别家庭成员出现非理性的想法，例如，父母已经立下遗嘱，但当事人并不认同，认为自己对父母的照顾更多一些，或是在家中排行老大，就应该得到更多的份额，从而不认同遗嘱的内容或法定继承的份额。

继承类案件在我国农村尤为凸显，由于受传统思想的影响，很多家庭认为只有儿子才有资格继承遗产。但是在法律上男女是平等的，儿子与女儿都有权利继承父母的遗产，当矛盾与分歧出现时，女儿便会到法院进行起诉，确认份额，争取应有的权利。在这个时候，社工作为调解员，就需要疏导每个家庭成员的情绪，引导当事人理性地了解相关的法律知识，相互沟通与协商，避免矛盾激化。

☞ 案例五

背景：

小兰（化名）的母亲刚去世，其父亲便因房子的继承问题到法院起诉。起诉状上甚至提到小兰与弟弟对父亲恶言相对，不愿意协商房子的问题。

介入步骤：

①评估及初步调查介入阶段

第一步：初步评估双方的矛盾及产生的原因，由于小兰与弟弟拒绝沟通，导致房子继承的问题无法解决。

第二步：与小兰（案中的被告）取得联系，让其知晓目前面临的情况。小兰接到社工的电话，得知父亲的起诉后，感到非常地伤心。小兰表示自己与父亲住得很近，只要有空就会去父亲家照顾父亲，且表示母亲在去世前，因知道父亲对其和弟弟不好，已针对房产立下了遗嘱。小兰在表述过程中，曾一度泣不成声，经过社工的疏导才使她的情绪平复下来。最后，小兰同意进行调解，与父亲协商，避免矛盾继续恶化。

第三步：与小兰父亲（案中的原告）联系，组织双方参与调解。

②双方参与调解阶段

第一步：向双方当事人表明身份——法院委托的调解社工，在调解中将保持中立，并不代表任何一方。

第二步：根据起诉状上的诉求，进一步了解双方当事人的想法及意愿，期待要达到的目标。社工发现父亲起诉的原因之一，是父亲太宠爱孙女，为了能够把房子留给孙女，起诉儿子和女儿。父亲提出房子是自己当年赚钱购买的，如何划分得自己说了算。而小兰及弟弟则认为若按照父亲提出的方案处理房子，就违背了母亲当初的意愿。

第三步：社工分别与双方当事人进行面谈，在纾解双方情绪的同时，引导他们理性地看待问题、了解相关的法律规定，让他们意识到作为一家人在出现问题时是可以通过协商沟通解决的。最终，双方经过调解，达成了协议。

③后期回访跟进阶段

该房产继承问题反映了家庭成员在继承、赡养等权利、义务关系上的混乱，边界不够清晰。双方调解协议达成代表着相关当事人有新的认识和改变。结合案例实际情况，老人的赡养和精神慰藉问题还需持续跟进和落实。

调解实务技巧与反思

第三篇

一、调解的沟通技巧

沟通是调解的基石。在调解过程中的当事人，容易有相对剥夺感，感觉周围的世界并不友好，常常会用一些责备、讽刺、不满等伤害性语气与别人沟通，因此对调解员来说，如何与当事人保持良好的沟通，控制调解过程，发挥沟通成效是一个重要的话题。

（一）聆听技巧

在调解过程中，调解员大部分时间需要聆听当事人的说话，并作出适当的回应。查尔顿和杜德尼将倾听技巧大概分为被动形式和主动形式。被动形式或主动形式只是一种区分，而两种技巧在调解中同样重要，若两种模式能够同时运用，一气呵成，便能够将倾听技巧发挥得淋漓尽致。被动式聆听，或称为专注技巧，是非言语沟通（Non-verbal Communication）的其中一种。有研究指出，非言语沟通与沟通组成的部分有 2/3 之多，因此，不可轻视这类专注技巧的功效。

1. 被动式聆听技巧——专注技巧

专注技巧包括眼神接触（目光交流）、点头、身体向前倾聆听，用放松的坐姿，及在聆听时自然而轻轻地以"嗯""对""是""明白"等来回应。眼神接触是指调解员及当事人有目光交流；若调解员的目光细致、蕴含善意，当事人便会感受到关注和温暖。点头是让当事人感到调解员明白当事人传达的意思，使当事人感到亲切，并体会到调解员是十分专注地倾听和重视当事人的谈话内容及讯息的。放松的坐姿让当事人感到一种平和、舒畅的气氛，甚至受到感染而放下紧张，在轻松的气氛下，自然说出心底的话。总体而言，被动式聆听（专注技巧）的效果可以达到：鼓励当事人继续发言；增强当事人完全表达自己的动机，尤其是当他们欲言又止的时候；让当事人知道调解员对自己所讲的话是完全感兴趣和用心的。

2. 主动式聆听技巧——积极聆听

积极聆听的技巧是不可或缺的，掌握积极聆听的技巧，就掌握了整个调解的命脉，从而在调解中，发挥积极的作用；调解员通过一心一意的积极倾听，可以充分明白当事人的需要，与当事人建立信任关系。

（1）积极聆听中运用同理心

积极聆听的一个重要元素就是同理心。同理心是指聆听者能够进入当事人的内心世界，感同身受去体会当事人的处境。有些时候，了解当事人的境况，并不代表赞同当事人的行为。例如，当事人曾用暴力，聆听者只是明白他在愤怒的情况下使用暴力，但并非赞同他的行为。因此，运用同理心时，聆听者便能够自然地做好积极倾听。

（2）积极聆听的程度分析

若要建立良好的积极聆听，莫过于了解积极聆听的程度。积极聆听大致上可分为三个程度：重复、意译、反映感受。重复主要是用当事人的言语去表达当事人的意思；意译是运用类似当事人的言语去表达当事人的意思；反映感受是运用聆听者本身的言语去表达当事人的意思。以下是积极聆听程度（重复、意译、反映感受）的例子。

案主：我已跟他分手两年了，对他已没有感情，最差劲的是在教养子女的事情上，大家有很多纷争。

调解员（重复）：你已跟他分手两年了，对他已没有感情，最差劲是在教养子女的事情上，大家有很多纷争。

调解员（意译）：你已跟他分手两年了，对他已没有感情，最难合作的是在教养子女的事情上，大家仍有很多争议。

调解员（反映感受）：你跟他已分手两年了，已对他没有感情，只是在教养子女的事情上最难解决，大家有很多冲突，带来不快。

重复、意译、反映感受皆可运用于积极聆听中。一个反映感受者必然是积极聆听者，但积极聆听者也可以有些时候只重复或意译，以追随当事人的思想或言语步伐；诚然，重复有时会令某些当事人觉得你只是部分明白他，因此有效聆听者对于三类积极倾听程度都必须轻松掌握和运用自如，以发挥积极倾听的作用。

（3）积极聆听的目标

积极聆听包含以下元素：对当事人表达承认；增加当事人的自信心；让当事人明白他是很重要的；获得当事人的合作；洞察压力与不安；鼓励开放态度；分享思想和想法。以下举例加以阐释。

①对当事人表达承认

案主：我带着儿子搬了出来租屋住，生活十分艰难。

调解员：我明白你的困境，搬出来与儿子租屋住的确不容易。

案主：他晚上三四点带醉回家，吵醒每一个人，真是讨厌。

调解员：他这么晚才回来，还吵嚷不停，我理解你的心情。

②增加当事人的自信心

调解员：在这么困难的情况下，你也能够挺过去，实在很坚强！

调解员：面对婚姻的困难，你母兼父职，难能可贵，你从何而来这么巨大的动力？

③让当事人明白"他是很重要的"

调解员：你不要忽视自己，好好关爱自己。自从你先生与你分开后，你承受了太大的压力，所以有时会向子女发脾气，但你对他们真正的关心是不可以轻看的。

④获得当事人的合作

调解员：若没有你的合作及参与，调解是不可能完成的。

调解员：你提供了很多信息和数据，对整个调解的帮助非常大。

⑤减轻压力与不安

调解员：将你心里的想法表达出来，是会有点紧张和不安，但请你尽量放心，慢慢说出心里的话和希望解决的问题。

⑥鼓励开放的态度

调解员：刚才与你坦诚地交谈帮助我了解了你的很多情况，相信我们可以继续这样坦诚地讨论，一起寻求问题的解决办法。

⑦分享思想和想法

若在适当的时候，调解员也可以"运用自我"（use of self）客观地去分享一些想法。

调解员：我们也是孩子的父母，所以很明白你对子女的期望和用心，希望他们能愉快地成长，做一个有用的人。

（4）积极聆听的禁忌

要冲破积极聆听的障碍，可以考虑以下方法：不要打扰、不要质问、不要想着如何响应、不要教导。打扰会影响案主的自然流露，并且影响案主希望带出的信息或关注。质问会令案主产生抗拒，妨碍调解员获得更全面的信息（当然有例外情况）。不断思索如何回应会分散调解员的专注力，很容易错过倾听当事人说话的重心。教导是单向性的，这会影响聆听者与案主的沟通。

积极聆听的作用是很重要的，就算在调解个案中未能达成协议，但若当事人的经历能被他人了解，被人明白，对他们来说也是很宝贵的体验。记得有一位当事人未能在调解中达成协议，但她说：很难得，我从未被如此理解过。

（二）重新框架

1. 重新框架的定义

在调解过程中，除了运用聆听技巧加强沟通，调解员最常用的另一种沟通技巧就是重新框架。重新框架是一项回应技巧。一件事的发生可以消极地看，也可以积极地看。例如爸爸说：真倒霉，今天下雨，不能外出旅行。而妈妈回应说：今天我们有时间可以一家人在新年前将家中杂物整理一番，未尝不是一件开心的事。因此，简单来说，重新框架是把一件事情的幽暗面转为光明面，利用语言用词去赋予事物一个新的诠释以及正面的意义。

重新框架的一些例子：

例一：离婚后我常常一个人外出，不知如何是好。

调解员：离婚后你的个人空间多了，可以好好享受个人空间及寻找个人兴趣。

例二：我们的协议是否有法律效力？有人总会反悔。

调解员：我明白你很用心，希望当任何一方改变主意时，我们知道可以怎样处理。

例三：我对自己"仍未能忘怀他"感到憎恶。

调解员：你是一位有情有义的人，所以未能忘怀他。

例四：我要要回儿子，因为他对儿子太严格，只把他关在家里读书，每天还逼迫他课外阅读数小时。

调解员：他希望训练儿子的阅读兴趣，加强学习动机。

2. 重新框架的概念与技巧

要运用重新框架，可以尝试了解或运用以下一些概念或技巧。

（1）改变当事人简单归因作出两极化极端定义，引导当事人对问题作出一个较深层的诠释。

太太：他对我做的每件事都不关心，每件事都跟我作对，我要买部好些的手机给儿子，他都支吾以对，完全忽略我的意见及儿子的需要。

调解员：从你们过往讨论过的事情，看到你们都以自己独特的方式关心儿子，你希望给予儿子一个丰足的日常，他希望儿子学习节俭美德，我看到你们两人都很爱护儿子。

（2）将问题从个人焦点移向系统。

丈夫：自从她生了孩子后，就把我视作透明人，对我漠不关心。我心中感到不安，常为小事与她争吵。

调解员：从你所述心中的不安，知道你的苦闷；你们的关系因孩子发生了变化，过往的二人世界变成了三个人的生活，在时间分配、注意力上似乎都被摊薄了。

（3）将问题从个人移向外在因素。

丈夫：我在外工作太辛苦了，而她不但不照顾孩子，还不理他们死活，时常不给他们煮饭，更在过去一年不断往返老家。孩子所有的事情都由我照顾，她怎样能做好妻子和好妈妈呢！

调解员：我明白你心中的怨愤，你认为你太太与你在照顾孩子方面有很大的差距，而你太太在老家的爸爸生病了，以至于她时常要返回老家去照顾爸爸，从而加剧了你们在这几年间的不和谐。

调解员：作为父亲，你希望她多些机会和子女接触，多关心些孩子，所以你希望与她讨论如何平衡陪伴子女和探视父亲的时间。

（4）把事情从过往转为将来导向。

丈夫：我见她前面就憎她后面，你叫我怎样与她在调解里倾谈呢？

调解员：你过往与她是夫妻关系，但将来会转变为子女父母的合作关系，这样想对你来说是否容易接受些？我明白你很疼爱子女，愿意在这种关系基础上找到继续共同照顾孩子的方式。

（5）把一个立场转为背后关注。

丈夫：她不让我见儿子，但那是我的权利！

太太：他不给我家用，就是不负责任，不配做爸爸，不可以见儿子。

调解员：明白你们双方都为小朋友好，妈妈希望给予小朋友一个安定的生活，爸爸希望给予小朋友父爱，所以付出经济给养，拥有探视孩子的权利都是你们希望的，那么我们一起开始商谈子女生活费和探视的方式。

（6）带出双方潜在的共同意愿，营造合作氛围。

丈夫：我不断赚钱，她在家里享福，像一条懒虫，什么也不做，连早餐也煮不好。

调解员：你们都为了这个家，一个赚钱，一个照顾子女，都付出了很多，孩子会知道你们为他们所做的一切。

（三）提问技巧

提问技巧是调解过程中的一种必要的手段。在调解的不同阶段，不同种类的提问方式能大大增加调解的有效性、适切性，加强调解的效果。以下列举出不同的提问方式。

1. 导引性的问题（leading question）

导引性的问题可以帮助当事人更加明确自己的思想，厘清及确认需要，刺激思想及给予正面能量，开拓新的领域，作出适切的决定。

你试想下，若爸爸好几个月没有见儿子，儿子的感受会是怎样的？

你想想，你目前最需要的是什么？

如果你能多些时间见女儿，女儿有什么不同？

2. 奇迹问题（miracle question）

奇迹问题是寻解导向模式的一种提问方式，应用在调解中，可以协助当事人了解心底的需要及如何达成需要。

如果有奇迹出现，你最希望的是什么？

如果调解成功的话，你希望得到什么结果？要怎样改变才可以达成？

你目前要付出什么样的努力和行动来帮助你逐步达到目标？

如果不用打官司，你想象你的生活会怎样？你需要做什么才可以不用打官司？

3. 刻度问题（scaling question）

刻度问题源于寻解导向模式，用于调解。刻度问题可以令当事人量化自己的情况或需要，使当事人更有方向地去达到预期目标。

如果 10 分是完全令你满意的结果，0 分是完全没有结果，你估计要达到满意结果的信心是多少分？

那分数的信心是基于什么条件？其余障碍是什么？如何创造条件去克服障碍？你愿意付出多少努力去创造条件？

4. 例外问题（exceptional question）

例外问题源于寻解导向模式。了解例外情境，让当事人找到一些他们不常觉察却可行的做法，并加强这些行为来解决问题。

你过去有没有试过跟先生讨论和解决一些争议性问题的经验？当时你做了什么去解决彼此的分歧？

5. 质疑问题（create doubt）

提出质疑让当事人更进一步去反思自己的决定、取舍，从而作出一个更理智的决定。

你认为打官司是否一定能让你得到儿子的抚养权？如果你们一

直争执下去，你告诉我结果会怎样？

6. 现实可能性测试问题（realty testing）

现实测试协助当事人看清楚自己的决定是否与实际生活相符及可行的程度。

你说辞掉工作，全职照顾儿子，你估计你会面对什么困难？

如果女儿（只有两岁）晚上哭着要找妈妈，你会如何处理？

7. 身在其外的问题（detached question）

身在其外的问题就是从第三者的角度去看问题，让当事人跳出自己的框框，客观地去看问题。

如果你是局外人，你有什么感受？

8. 假设性问题（what if question）

如果没有限制、障碍，你估计你同女儿的关系会如何？

如果儿子跟爸爸同住，由爸爸教功课，你估计儿子会如何？

如果没有任何限制，你估计会有什么结果？

(四) 摘要

摘要也是调解过程中一个十分重要的沟通技巧。摘要的功能是双向的，它既可让当事人知道调解员明白他们的述说，亦可让调解员知道是否对当事人述说的内容有所误解。同时，调解员在摘要中亦可多加一些词去加快调解的进程。

调解员：我尝试将我们讨论过的地方及进展做成摘要，这个摘要是我们共同讨论得出的……

调解员在作摘要时，可以运用以下方式去测试自己所作摘要的精准性。

1. 你们有没有什么意见是摘要中未被提及，而希望加上去的？

2. 刚才的摘要是否就是你们讨论的内容？

（五）调解员的个人风格

调解员主导整个调解，是调解的导航者，因此调解员的个人风格影响着整个调解沟通过程。以下尝试了解调解员处理冲突的个人风格背后源头及个人处理信息模式，以反思在调解沟通过程中的影响。

1. 调解员处理冲突的背景

调解员来自不同背景，有些是律师背景，有些是社工背景，有些是医务人员背景，亦有些是辅导或治疗师背景。因此，在调解过程中，他们都可能有不同的风格。例如，有些调解员在调解当中会较重视当事人的情绪，通过疏导沟通对当事人作初步了解、掌握其需要及立场角度，从而帮助双方当事人达到目标；有些调解员会较重视清晰的沟通表达，系统地处理及组织实际要处理的事务，因此常用个别面谈去防止冲突，减少情绪表达，以便集中及有效地处理议案；还有些调解员则会比较强调法律权利义务的表达，明确责权利。

在调解过程中，调解员需要了解自己的个人沟通风格及该风格如何影响调解中冲突的处理。若调解员能提高自己的沟通风格背后的意识及找出风格根源所在，会对调解过程有所裨益（DING，2004）。通过对以下问题的思索，调解员可以提高对自我能力和风格的了解。

（1）调解员对原生家庭中的冲突如何处理？冲突是否能公开地表达？还是从不表达？

（2）家庭中的情感表达是否公开？是否接受正面的情绪，例如欢乐、爱等，不鼓励负面情绪，例如愤怒与敌意？

（3）在原生家庭中，我作为沟通者的角色是什么？我是否是传递信息者，或是协助调解误会者？还是逃避冲突者？

（4）当成长后，我是否有改变自己的沟通模式去处理冲突？若有，是什么导致这个改变？

（5）作为一个调解员，当面对当事人与我的沟通方式有异，我如何去响应？

若能够对以上问题有所反思，调解员就会明白自己的沟通风格及处理冲突方式，例如，他/她知道为何当事人哭泣时，他/她会感到不舒服；为何当事人提高声线时，他/她就要立即干预；等等。

2. 调解员处理信息模式的个人风格

在调解过程中，沟通的一个基本要素就是如何处理数据，无论是当事人之间的沟通，还是当事人与调解员之间的沟通。

美国著名人类学家霍尔（Hall, E. T.）提出有关时间和信息处理的两种方式：单向性时间模式（mono chronic）和多向性时间模式（poly chronic）。

运用单向性时间模式定理的人通常思想方式较直线，有次序性，有组织性，喜爱集中处理一个问题，而多向性时间模式处理的人思想较为宏观，时间概念弹性较大，并可同时处理多个信息及工作。

基于以上不同风格，调解员须了解自己在调解中的译码、解读信息的方式（DING, 2004），因此，调解员需要问自己：

（1）处理事情时逐个项目处理，完成了一个再继续处理另一个，我自己是否喜欢用一种直线的、有组织的方式思考？

我是否同时处理多个事项？我是否希望我的当事人集中处理一个话题后，再进入另一个？

（2）我是否会同一时间处理一些看似没有相互关系的数据？

我会否把不同议题交织在一起去协助当事人解困？

就算有一个议案在手，我是否偏离议程也不会感到不舒服？

我是否对于时间的处理带有弹性？

当调解员通过上述的问题了解自己的风格后，他/她还需要更进一步地了解以下情况。

（1）我是否很自然地运用了自己处理信息或沟通的方式，或是经过判断或觉察去肯定什么方式对当事人是最好的？

若当事人的处理信息或沟通方式与我不同，我如何响应？

我是否会暗示那些与我采用不同方式处理信息的人去改变他们的处理方式？还是我更愿意改变自己的处理方式去适应不同的情境或人？

（2）作为一个单向性时间模式的调解员，我是否会告诉当事人，他需要完成一个项目后再开展一个新项目？

作为一个多向性时间模式型的调解员，若当事人是偏向单向性模式而不肯跳出框框讨论，我会否感到愤怒？

以上这些都是调解员在调解沟通时值得思索的。有些时候在调解中，当事人的不协调或冲突并不止于在对议案的不同看法，亦在于他们如何处理信息，因此，调解员在协调当事人之间的问题时应适时改变他们处理信息的方式。

当一个调解员遇上一个多向性的当事人，那么他/她可以尝试通过在白板上去设计一些思路框架，例如，列表分析调节多向性的特征，防止不着边际话题的产生，而不需用言语去阻挠、激发多向性当事人的不快。

当一个调解员遇上一个单向性的当事人，那么他/她可以告诉当事人一些值得注意的项目，例如退休金、资产可以考虑一并讨论，因为一些议题是环环相扣，互为因果、互有关系的，可以尝试开阔当事人的视野，拓展当事人思考问题的维度。

调解技巧是多方面、多层次的。调解过程中的沟通是细致而精密的，这就要求调解员拥有敏锐的觉察、用心的聆听、熟练的技巧、丰富的经验、沉稳的心态去处理临场每一个小细节，去面对当事人复杂又多变的情绪及可能出现的突发事件。

二、调解危机处理和风险管理

1. 调解员要学会听故事

虽然每一次调解的时间并不长，但这有限的时间却包含着双方当事人多年的经历和恩怨，对于他们来说可能是一段刻骨铭心的故事。这样的一段故事或许埋藏了他们心底多年的痛和各种情绪，或许隐匿了不为人知的是非对错，终因不愿跳出来理性地处理而变成旁人口中的"狗血"剧情。正如欧文·亚隆在《成为我自己》一书中的描述，"我们是秘密的收集者。每一天，患者都用他们的秘密给我们恩惠，而且常常是从未分享过的。这些秘密让我们看到了人生境遇的后台，没有社会虚饰、角色扮演、虚张声势或舞台造型"。社工（调解员）所做的正是这样的工作，他们细心聆听当事人的故事，引导他们把藏了一辈子都没敢与人分享的秘密，累积在心里的不公、委屈宣泄出来，帮助他们纾解内心负面的情绪。

2. 调解员要时刻保持尊重、接纳与中立

在调解的过程中，社工要不怀成见、将心比心地从当事人的角度去考虑，尊重当事人在当下作出的选择。即便我们已经知道问题出在哪里，甚至清楚自认为是受害方的当事人才是问题的主导者……我们也需要保持最基本的原则，要相信每个人都会为自己做最好的选择，每个人也需要为自己的选择负责。我们引导他们觉察，而不是剥夺他们经历自然结果的权利。撤诉或出调解书对当事人并非是最好的结果。

3. 调解结果重要，当事人在这场经历中的反思和成长更重要

需要调解、参与调解，是因为双方遇到了生命中的一个瓶颈、

一个困境，一旦消除即可开始新的征程。在这个过程中，双方需要学习妥协、包容、理解、对话、争取、诉说、整理等技能，这些经历会帮助他们发展出更成熟的思想和价值观。从中，他们可以反思自己的行为和态度，吸取经验教训，以便更好地面对未来的生活。

4. 调解期间，要警醒可能突发的情况及其风险处理

在调解期间，可能会出现各种突发情况，这就需要社工做到及时应对，有应急处理的策略和方法，以及保护当事人双方身体乃至生命安全的意识和处置方案。下表是针对调解期间突发情况作出的处理和风险管理方案。

调解期间突发情况的处理和风险管理表

突发情况	处理策略及方法	备注
情绪激动	咨询双方的意愿，适时暂停调解，待激动方情绪平稳后再继续调解	
误解原告的意思	澄清，让原告重新表达自己真实的想法，并咨询被告是否理解原告表达的意思、诉求	
不同意原告的诉求	对焦，让被告表达是不同意原告全部的诉求还是部分内容，聚焦原、被告有争议的诉求，逐条讨论，并在讨论后，作简单的重点摘述	
过激行为	调解员立即暂停调解，制止过激行为，避免出现肢体冲突，确保原、被告双方的身体或生命安全	
第三方干预	立即暂停调解，采取措施保证原、被告双方的身体或生命安全，必要时请求调解办公室其他工作人员的支援，维持秩序，将第三方引导到其他休息处。必要时，可立即中止调解，并记录在案	

三、调解的成效反馈及专业反思

1. 调解的成效反馈

在平时的调解过程中，社工都会收到来自调解当事人的反馈，其中不乏对他们工作的认可与感谢。

（1）"使我从悲伤中走出来，使我有了笑容，有了快乐，有了幸福，有了靠山，有了一个大家庭！使我无后顾之忧，我现在非常幸福，非常感恩！谢谢你们的辛勤工作……感恩！"

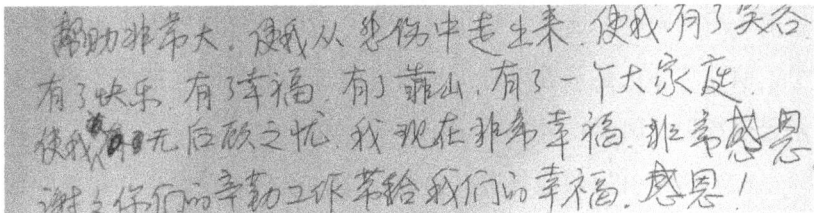

（2）"活跃家庭，活跃社区，增进互动，增加交流……社工辛苦了……"

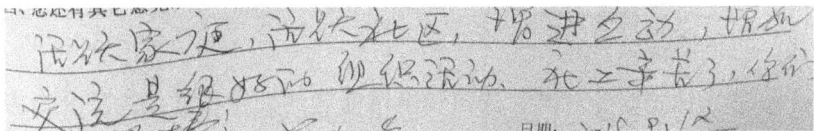

2. 调解的专业反思

社工作为纠纷调解的第三方，在开展调解工作时有其自身的优势；社工作为社会力量介入家事调解领域，有着针对性强、服务细致化、服务人性化和标本兼治的特点。调解社工在面对家事调解当事人双方的问题时，不仅可以运用社工知识给予双方实际的调解，而且可以减少因问题激化可能产生的对社会秩序的冲击。在调解过程中，社工的角色是多元的，既是服务提供者，又是资源链接者、政策传递者和支持者。社工在调解过程中，不仅要注重疏导调解双方的心理情绪，而且要重视支持网络建构、善于修复纠纷双方紧张的关系。

2023 年，中国共产党中央委员会社会工作部（简称"中央社会工作部"）成立，负责统筹指导人民信访、社会工作人才队伍建设等工作，为纠纷调解社会工作发展带来了新空间，同时也对党建引领下提升家庭纠纷调解社会工作专业水平提出了更高要求。

（1）积极链接各方资源，组建一支以专业调解社工为主力的联合调解队伍，严格按照相关法律法规处理矛盾纠纷，在及时发现、化解矛盾的同时，推动源头化解、诉源治理，着眼从根本上、源头上、萌芽状态化解矛盾纠纷，并做好调解文书制作与存档、纠纷调解台账登记、调解数据统计与报送等工作。

（2）积极开展纠纷排查、预测工作，预防纠纷发生，化解纠纷苗头，防止家庭矛盾纠纷激化成民事、刑事案件；及时报告重大矛盾纠纷情况，对可能引发群体性矛盾纠纷或在重大敏感时期涉及的信访突出问题及时向相关部门报告，协助有关部门做好防控调处工作，防止矛盾纠纷激化。

（3）识别服务对象的认知和情绪问题的严重程度，大部分当事人在产生冲突后情绪处于亢奋、躁动或压抑的状态，行为往往容易被情绪左右，做出不理性、欠考虑的行为，需为情绪激动或行为过激的服务对象提供心理辅导、情绪支持、认知调节，帮助其摆脱暴躁、焦虑、无助感等心理困扰，待服务对象恢复平静和理性后，再回归纠纷本身，寻找让双方都能接受的调解方案。

（4）在基层街道、社区、企事业单位开展相关法律法规等宣传教育活动，协助策划和组织基层家庭纠纷调解工作人员培训讲座；协助纠纷调解工作人员畅通网络信息渠道，加强宣传和引导服务对象选择更加理性的方式解决纠纷问题；引导公众对服务对象树立客观、公正的社会评价。免费为有需要的服务对象提供政策和法律咨询服务。

（5）识别并评估服务对象面临的危机，协助制订危机干预计划，开展危机干预的善后工作。

（6）识别服务对象情况和需求，筛选相应的各级部门及社会组织进行资源链接，协助服务对象得到更好、更专业的服务。

（7）针对纠纷调解工作相关的条例、规定、工作机制有待完善和不合适的内容，向相关职能部门提出建议和政策倡导。

离婚纠纷的家事调解

第四篇

一、离婚纠纷中女性的需求

在离婚过程中，女性更易因情感羁绊而惶惶不可终日，纷繁的情绪引出交错而生的故事，剪不断理还乱，更何况加上"纠纷"二字，当中的纠葛更带来了委屈、愤怒、悔恨、压力，以及不知明日何往的不安……

1. 心理上的需求

说好的"白头到老"，何以变成"不堪回首"

"唯爱妈妈热线"项目服务了上千位单亲妈妈。根据"唯爱妈妈热线"服务的数据分析，寻求服务的单亲妈妈中有 30% 是因"个人心理压力"而来。个人心理压力的类别当中，抑郁情绪和确诊抑郁症的情况占比高达 60%。

在婚姻关系的解除过程中，出现利益纠葛的妇女，不仅哀怨绵长，亦会常常火气冲天地说粗话。结婚时，以为公主与王子牵着手走进婚姻殿堂，从此过上幸福美满的生活，彼此许诺，此情不渝，而后在生活中跌跌撞撞，人性与关系中"恶"的、"丑"的一面越来越凸显，直至关系崩塌。说好的"白头到老"，变成了"不堪回首"，变成了夜深人静时泪流满面的心头之恨。

对不负责任的伴侣的愤怒，对婚姻破裂的哀伤，对"自己怎么嫁了这样一个男人"的委屈和悔恨，种种情绪如万千支流，终究汇聚到一个叫"怀疑自我价值"的大海——从失败的婚姻到失败的我，再到"失败的一生"。不堪回首的不仅是这段婚姻,更是"我自己"。

我要如何向孩子解释

"老师,我能不能跟孩子说,他爸爸死了!反正他也没来见过孩子一面。"单亲妈妈如此问。

好聚好散的离婚夫妇,还可以梳理好离婚关系与亲子关系,俗话说"做不成好夫妻,依然可以做好父母"。这是比较理性的离婚状态。然而,在单亲妈妈群体中,实在不乏"头破血流"的离婚故事,丈夫长期不回家、婚外情、家暴行为等带来的常常是女性面对孩子时的无助与不安:我究竟如何向孩子解释?

如何理性地向孩子说清楚父母的关系变动、父亲的去向、父亲为何无法相见,以及未来如何教导孩子以何种态度和视角看待"父亲"的角色,都是离婚纠纷中的妈妈们需要学习的一课。愿意向咨询师和社工提问的妇女,说明她们虽然心中愤懑,但终究是在认真思考这件事,愿意思考、愿意求助,便是咨询师和社工介入的好时机。

我能靠自己吗

在对某个区域的有关"'90后'婚姻生活情况"的课题调研发现,大部分"90后"夫妇家庭中,主要负责照顾和教育孩子的依然是女性。幼儿园家长群里的妈妈和爸爸比例悬殊,早教机构、课外兴趣班教室的门口,总是坐着一群妈妈在等候,鲜有爸爸的身影。

性别平等与分工并非此文要讨论的议题,只是性别分工的倾斜,很容易让我们联想到,一个离婚后的女性需要承担多少家庭责任。曾经两个人撑起的家,如今"我要自己撑"。女性当家久矣,固然知道柴米油盐有多贵,经济上、情感上、孩子的照顾与养育……"从今以后，我只能靠自己了，我可以吗？"

离婚中，除了种种现实状况的处理，女性还将面对更深重的一关：我能否对自己有信心？

2. 法律上的程序

抚养权、抚养费、离婚诉讼程序咨询是"唯爱妈妈热线"项目最经常面对的三大问题。

普通人对"法律"这座图书馆真是"有事才会登三宝殿"的，离婚诉讼程序是到了夫妻关系纠纷不得已时才走的路，迫不得已要面对这些"现实的问题"——"我怎样可以争取孩子的抚养权？""前夫离婚后就失踪，抚养费石沉大海怎么办？""我要起诉离婚，怎么处理？"……

离婚纠纷中的妇女，在法律方面的咨询和援助诉求很多。调解人员需要链接到相应的法律资源。

3. 经济上的评估

女性离婚时，从"两个人一个家"变成"从今以后靠自己"的独立生活，自信心特别需要加强，这离不开心理建设的支持。除此之外，单亲妈妈如何带着孩子保证基本生活，甚至"体面"地生活下去是更实际的经济需求。对于那些离婚前做全职太太、全职妈妈的女性来说，离婚后要面对的生存挑战无疑更为艰巨。我们面向250位单亲妈妈做了一项简单调查，了解单亲妈妈希望在哪些方面参与学习，结果显示，"职业发展规划与就业支援"位列票选的前列。而在我们接触的不少单亲妈妈中，即便那些已有全职工作的妈妈，也会比普通女性更关注"兼职机会"。

因此，除了法律支援、情绪关怀和心理建设，我们绝不可忽视对离婚女性在经济收入、就业上的需求评估。

二、调解服务评估的难与易

1. 坚持系统视角看问题

从社区服务现实情况看，家庭领域服务的重心往往向"亲子服务"倾斜，而"婚姻关系服务"是很多年轻社工感觉缺乏经验的范畴。感情关系、婚姻问题复杂纠缠，该如何梳理如何评估都是难题，又谈何介入。

利用马斯洛需求层次理论和生态系统理论，能对问题进行很好的拆解。从需求层次理论的视角出发，离婚纠纷中的妇女要面对的生存需求、安全需求、爱与归属感需求、尊重需求、自我实现需求分别会是什么，会体现在哪些具体问题上；从生态系统理论的视角出发，我们不仅要评估妇女自身的困难、妇女求助时的表征问题，更要能够透过现象，透过单一系统，按图索骥，同步评估与婚姻关系、个人系统有牵连的其他系统有何需求。

2. 事有轻重缓急

面对不同情况的调解，社工又该如何选择介入时机？无非保持头脑清醒，根据轻重缓急安排介入工作的先后。

无论哪个服务对象、何种求助问题，调解介入时的应对终究要"保命为先"。离婚纠纷中，部分妇女会遭遇心理或经济的双重危机。从心理层面来看，妇女的焦虑、抑郁情绪如何，只是谈起往事会流泪、生气，一时难受但总体冷静，而我们要观察的是她们是否已经出现伤害自己、伤害孩子的行为。此时，我们应将 DSM-5（美国精神医学学会《精神障碍诊断与统计手册》）作为参考工具，必要时查阅对照。如果妇女已表现出严重的自伤或他伤行为，说明危机系数已很高，我们的首要任务就是"舒缓和解除危机，保障生命安全"。从经济层面，需要关注离婚后妇女是否有稳定的收入来源，是否面临经济困境。还需了解她们是否有其他社会支持网络为其提供必要的生活用品、家庭开支。若没有这些支持，我们可以通过哪些社会支持网络帮助到这些妇女获得经济上的援助，并协助她们建立起有效的社会支持网络。

危机之后，权益争取与权益保护往往成为妇女更急迫的问题。尽管法律问题的处理历程总会附带心理压力，但社工在介入时不能局限于埋头作"心理疏导"，而忽略"源头问题"的解决？妇女需要何种法律支持、问题咨询抑或法律援助？社工不仅要为妇女了解相关的法律资源信息，更应积极协助她们链接相关资源，并适时地陪同妇女实地处理法律问题。这一陪同的过程也是同步与妇女建立并加深关系、提供必要的心理疏导的过程。

三、调解之余增能赋权，陪伴妇女走进自主生活

除了处理危机事件、链接资源提供救助，我们还能为妇女做些什么呢？危机和紧迫事件解决之后，更长远的生活才铺开画卷。我们的核心工作是协助受婚姻问题困扰的案主找到她自己最想要的出路，并帮助她们掌握有效的沟通技巧，我们并非是要建议案主过什么样的生活，而是引导她们找寻甚至创造自己想要的出路和生活。这才是回应离婚中的当事人"失败的婚姻失败的我""我能否对自己有信心""将来如何靠自己"等现实问题的核心所在。

在为妇女"增能赋权"，陪伴她们走向自主生活的道路上，我们运用了多种介入技巧。使妇女走进自主生活的关键基础在于帮助她们超越"妻子""母亲"的传统角色，拓展她们的生命空间。每一个妇女一生中都会有多重身份，而"妻子"和"母亲"只是其中的

一部分。我们应引导和陪伴这些离婚妇女走出心理阴霾，使其学会关爱自己，活出自我价值，并支持她们建立"我可以靠自己"的信心与能力。

在过往个案辅导与妇女小组工作中，笔者多次采用"五分钟正念呼吸练习"帮助妇女调整情绪。很多妇女在短短 5 分钟的呼吸练习中感动不已，甚至泪光闪烁，有的说：这一生都未曾如此照看过自己；有的说：每天从睁眼打仗到闭眼，这 5 分钟才是我自己的。仅仅一个简单的呼吸练习"开启"了这些妇女尘封已久的心门——"我也是一个独立的个体""我也需要照顾我自己的需求"。

"我此生走过的路"或"我的生命角色"等活动也是我们在小组或团体活动中常用的方法。通过邀请妇女在 A4 纸上写下自己此生扮演过或经历过的 10 个身份角色，将 A4 纸放在地上，铺成"我的生命之路"，再邀请一位姐妹与"主角"妇女牵着手走过这条路，逐一介绍每个角色的故事。在这个过程中，妇女意识到自己不仅是妻子和母亲的身份，还是父母疼爱的女儿、好友牵挂的姐妹、公司的优秀员工……她们的生命剧本可以如此丰富，生命空间得以拓展。同路人相伴，走过一段回忆，这样的体验更让她们明白，除了丈夫，她们还可以有更多的角色和人生可能，并不是"非他不可"。

社工人员普遍年轻化，对于 20 岁出头的社工来说，面对家事纠纷、婚姻纠葛，固然不易，但也无须妄自菲薄，失去信心。他们凭借心中的热情，对生命的悲悯和同理心，以及一个受过系统专业训练而能保持逻辑清醒的大脑，加上逐年的服务积累，一定可以得到服务对象的信任和认可，并逐渐建立起自己的服务和辅导模式。

从事家庭服务的社工大可不必"谈婚色变"。婚姻问题固然复杂，处于离婚纠纷中的妇女常面临剪不断理还乱的困境，但社工要深信，再复杂再棘手的问题终究涉及一个个跳动的生命，她们渴望活下去，并希望活得更好；再曲折的人生都逃不出生命历程中的发展规律。我们的重要目标就在于如何帮助妇女走出困境，为她们找回自己的力量与自主性，建设"靠自己也能很美丽"的生活，这才是对她们实实在在的帮助。

此外，社工在提供婚姻家事服务时，应警惕个人价值观可能遭遇的冲突。面对陷入困境的妇女，社工应恪守非评判（non－judg-mental）的原则，避免对当事的任何一方进行主观评判。社工需要尽量以客观视角看待每个人，从"可恨"之中洞察人性的"可怜"与"可爱"，方才找到服务的入口与出路。

总的来说，社工一方面要相信自己总有可为之事，另一方面应多提醒自己，妇女的眼泪与愤怒背后究竟需要什么，学会区分事情的轻重缓急。无论运用社会工作三大手法的哪一种，坚持"增能赋权"，引导和陪伴妇女建设自我价值、拓展生命空间，都是社工能够为妇女做的最有意义、最有价值的服务。

四、建立长效的合作与转介机制

社工站和派出所建立长效的合作与转介机制。夫妻因争吵而报警的协调事件，可以转介到社工服务中心家庭领域服务站进行调解和跟进。

面对家庭、婚姻及夫妻关系，我们需要根据当事人的不同处境来制订介入方案。如果是夫妻关系沟通不畅的，我们会提升双方的夫妻沟通能力；如果是夫妻角色适应不良的，社工会协助夫妻双方梳理各自在婚姻生活中的角色和义务；如果是夫妻中存在非理性信念的，社工会运用认知行为模式，帮助其认清非理性情绪，并重新建构认知；如果夫妻双方因为离婚事件需要做咨询调解的，社工也会协助案主分析离婚与不离婚的利弊，让案主作出准确的判断；如果遇到夫妻矛盾根深蒂固、双方坚决要求离婚，且在婚后财产和孩子的抚养权问题上存在较大分歧时，社工可以作为中间人参与协商调解，如协商无果只能走法律程序。

在处理这类调解问题时，要关注以下元素。

首先，正确看待夫妻的分与合，不过分地关注夫妻关系的分或合。无论夫妻选择分开还是决定继续在一起生活，都是他们的选择，我们要相信每一个案主都会为自己作最佳的选择，未必所有的分开都不好，也未必继续生活就好，分开还是继续在一起都可能带来好的结果。

其次，在处理夫妻关系协调过程中，人身安全是第一位的。如果处理的是有关于家庭暴力的个案，应优先关注服务对象的人身安全，确保提供必要的救助服务或者临时安置。同时，社工也要注重自身的安全，做好预防措施。

最后，在处理婚姻协调个案的时候，最重要的是要尊重案主的自决，不左右案主的想法，让案主自己作决定，是否要继续这段婚姻。调解专业人员应给出建议，但不能替案主作相应的决定，要让他们自主决定是继续婚姻还是选择分开，这是基本的处理原则。

婚姻暴力的家事调解

第五篇

一、个案背景

案主林某，男，45 岁，2019 年起待业在家。育有两个孩子，大儿子 12 岁，小女儿 8 岁。案主婚后因家庭矛盾，曾对其妻子进行长达 12 年不同程度的家庭暴力，其中最严重的一次被警察拘留，并被出具《家庭暴力告诫书》，同时被要求到精神科就诊，医生诊断其为情绪问题，接受了短期药物治疗，经复诊后被评估为情绪稳定状态。

在婚姻的早期，由于案主的职业原因（货车司机），与妻子聚少离多，家庭事务与养育小孩基本都是妻子负责，给予妻子的支持很少，导致妻子压力过大。案主妻子早几年有赌博习惯，私下偷案主的钱去还赌债或补贴娘家（案主自述），还怀疑他有外遇，这些相处点滴都让案主觉得妻子控制欲强，不尊重他。因此，当负面情绪积压到一定程度的时候，案主就会通过暴力手段宣泄不满，殴打妻子，最严重的一次几乎将妻子打死，并闹到了派出所。

案主的原生家庭是一个破碎的家庭，父亲早逝，母亲改嫁，从小跟爷爷奶奶一起长大。在案主小时候，常见到父亲动手打母亲的情景，因此，这种成长经历给案主带来的是一种扭曲地对待女性的态度，充满暴力及控制欲。而案主妻子则是出生在一个小康之家，父母相处和睦，拥有比较健康的人格。在他们第一个孩子出世之后，两人的经济状况开始逐步改善，经过不懈的努力，案主妻子在市区经营了一家便利店，而案主则通过理财投资的收入不用全职上班，肩负起照顾孩子的责任。

二、问题分析

1. 生理方面：案主反馈没有疾病，只是偶尔失眠。2018 年底去看过精神科医生，诊断是情绪失控，并没有患精神方面的疾病。

2. 心理方面：案主认为自己是有点焦虑，对于因家庭矛盾处理过激引发的家暴行为反复发生，感觉到很焦虑。家暴事件后，亲戚朋友都指责他，给了他很大的压力。

3. 支持网络：案主的社交圈子小，朋友大部分来自工作关系，他认为没有真正能谈心的朋友。

4. 成长经历、价值观念：案主表示从小家里就很穷，所以对现在挣来的钱格外珍惜，认为生活应该节俭，不应该浪费。

5. 案主如何看待家庭矛盾、家暴问题：暴力行为是受妻子的刺激引起的，都是妻子的错。妻子在语言上责骂他，限制他的社交活动、查勤、查手机，说谎偷钱、物质滥用（刷卡买东西）和花钱不知会他、赌博（早年间），等等，导致他将矛盾积累，当遇到触发点事件的时候就爆发出来。

三、调解服务计划

1. 介入理论：认知—行为家庭治疗。关注的重点不是家庭成员不受欢迎的行为是如何被塑造的，而是放在怎样最大限度地使用相互强化的原理来交换积极的行为。

关注家庭成员的认知、情感和行为以及家庭成员之间的相互作用，旨在增加家庭成员间的积极行为，减少消极行为。

2. 服务目标：案主知晓家庭暴力的后果，停止家庭暴力行为；

协助案主妻子找出施暴节点，学习规避；夫妻共同学习正向沟通方式，形成良性的家庭互动。

3. 服务策略：确立与案主的专业关系；强调家暴是违法行为，要承担法律后果；分析家庭暴力对夫妻及孩子的伤害，警醒案主；签订个案服务契约，要求案主承诺不再使用暴力，并告知其如若伤害他人，社工会保留报警的权利；分析及找出案主家暴的触发点行为；引导案主思考如何正面表达爱的需求，而非通过错误的方式来引起案主妻子的非理性回应；提供机会，让夫妻双方了解彼此应对冲突的不同方法的价值取向；运用有关量表，测试夫妻双方当前的亲密关系水平，促进了解乃至接纳；提供平台，协助夫妻双方重新学习爱的正向表达，促使进行练习。

四、调解服务计划实施过程

1. 关系建立期

（1）案主情况与变化

案主由于前一次对妻子严重家暴，加上妻子的奚落与嘲笑，以及照顾孩子的琐事，压力之下思维混乱，难以讲述与妻子的核心矛盾。

（2）社工工作重点与采取的行动

①积极倾听，协助聚焦问题。通过倾听和表达支持态度，舒缓案主的情绪；

②针对案主暴露出来的偏差认知，及时对质，矫正其对亲密家庭成员关系的错误认识（比如，妻子及儿女要无条件服从他）；

③与案主签订服务契约，确定服务计划，但是前提是案主必须承诺不在家中使用暴力对待妻子；

④推荐案主参加亲密关系小组，与妻子共同改善夫妻关系。

2. 服务介入期

（1）案主情况与变化

①案主停止家暴行为，在家中与妻子保持距离，但是妻子并不适应案主的这种转变，在面谈时向社工表达，她反而会憧憬案主停止暴力之前的"关注"。

②案主不能按约参加亲密关系小组，但是已经能够采用保守方法克制自身对待妻子的暴力行为，即离开现场，不会去伤害妻子；配合社工与妻子共同完成《活力婚姻评估量表》，愿意从中了解与妻子对婚姻的不同看法及当前的婚姻质量。

③案主向社工表示停止家暴行为的舒适感，并表示会坚持下去。

④案主开始愿意与妻子共同接受社工辅导，也可以相互配合，接受社工为他们精心准备的辅导。

（2）社工工作重点与采取的行动

①通过对质方式，协助案主妻子明白，若要获得亲密关系中的关注，需通过正向的需求表达方式，而非仅仅表达情绪，尤其是通过指责这一沟通形式难以获取。

②鼓励案主继续参与亲密关系小组，提升正向表达能力。

③社工肯定案主当前克制的行为表现，鼓励其在未能重建与妻子的关系之前，采取这种保守策略去保护好家庭；为案主解读量表填写结果，侧重引导案主思考自身存在的"大男子主义"思想，及其与妻子在婚姻方面存在的不同价值取向。

④社工趁案主进入冷静期，及时向案主传授重建伴侣交流的"爱的五种语言"，包括肯定的言辞、精心的时刻、接受礼物、服务的行动、身体的接触。考虑到案主不善言辞，社工鼓励他从小的行动开始，增进夫妻间的积极交流行为。

这一阶段，社工融合了以下辅导内容：协助案主整理有关感觉的词语；表达感受与需求训练（妻子）；倾听练习（案主）；情绪调节要诀和练习（案主）。

3. 结束期

（1）案主情况与变化

夫妻可以平心静气地共同面对家庭中失调的部分，尤其可以当面表达对对方的不满之处，即使仍一时难以改变完全不说"难听的话"，但是已经学会换位思考，控制住彼此的情绪，理性应对。在两次面谈期间的母亲节，案主和儿子一起为妻子准备了一份礼物，并且组织家人一起外出游玩。

（2）社工工作重点与采取的行动

罗列夫妻生活中的矛盾点和他们采取的应对方法，了解近期案主所作出的行为改变是否有利于家庭生活的健康发展，以评估是否可以如期结案。

五、评估及成效

1. 评估方法

采取访谈和观察相结合的评估方法。

2. 成效

（1）案主认识到家庭暴力的后果，停止家庭暴力行为。在社工跟进期间没有发生家暴行为，并且学习了情绪调节的五大诀窍，回家后也能调整情绪。

（2）夫妻双方学习正向沟通方式，形成良性的互动；分别完成《活力婚姻评估量表》，促进双方的了解，学习正向沟通技巧，包括表达感受和需要、倾听等；积极交流行为增加，负面交流行为在减少，伴侣关系得到重建。

六、专业反思

本案例从理论方法、服务过程和服务成效来看，是具有成效、比较成功的个案。认知—行为家庭治疗能有效地帮助案主认识、修正非理性的信念、自动化思维，从而建立正面、理性的信念，发展积极正面的情绪和生活功能。案主在社工介入后，得到积极正面的改变，关系得到改善，家庭氛围得到好转，两夫妻都为了家庭作出改变，从而走入新的生活。

值得关注的是，本案例在子女经历家庭暴力后的心理辅导、案主与其子女关系上的介入均有所欠缺。根据文献资料总结所得，代际传递也是家庭暴力的诱因之一，即将步入青春期的儿子长期目睹父亲殴打母亲，存在一定心理上的伤害，对家庭健康发展存在一定的隐患。

通过此案例，社工发现家庭暴力发生在妇女身上的同时，男性施暴者也会存在一定的危机、困难，夫妻之间的矛盾就像荆棘一样缠绕在一起，从而影响家庭和谐。社工应该将整个家庭作为介入的目标，而不能孤立仅跟进一方，家庭的健康发展需要夫妻双方共同努力，共同前进。因此，社工在接触家庭暴力个案中，需要运用专业的方法，以家庭为单位来作为社工跟进的方式，恪守服务对象"生命安全第一"原则，兼顾情理，并给予家庭成员同理和情感上的支持。

亲子关系问题的家事调解

第六篇

一、个案背景

"你说你有什么用，这点小事都做不了。你再不去玩这个游戏，你就不要跟着我了，这么简单的游戏都不会玩。"社工在举办活动中，留意到案主王女士一边生气地骂女儿小萱（化名），一边用手戳女儿的额头。而王女士的女儿越哭越厉害，王女士则坚持要女儿玩完拼句子的游戏。最后，社工送了小礼品并陪伴女孩一起玩游戏才结束了她的哭闹。

事后，社工了解到：案主王女士，40岁，环卫工人。家里有两个女儿，大女儿小萱就读某小学二年级。小女儿小熙（化名）就读某社区幼儿园。王女士的丈夫因工伤在家休养差不多1年，暂时领取工伤保险（大概每月1000元）。王女士表示自己的脾气比较暴躁，经常会打骂大女儿，因为她觉得大女儿总是不听话，功课不好好做，也经常惹妹妹哭。丈夫的教育方式跟王女士的教育方式也很相似，也是经常打骂孩子。小萱的老师也经常向王女士反馈小萱在校的情况，表示小萱在学校有时候会闹脾气，要老师哄才会结束哭闹，希望王女士可以耐心跟女儿沟通，尽量不要采取暴力沟通。王女士表示虽然学校也会组织一些亲子教育的讲座，但是自己还是不知道该怎么去跟大女儿好好沟通，也不明白为什么大女儿总是以哭来解决问题。

二、问题分析

1. 陪伴支持的需求

王女士丈夫受伤，引起了家庭变故。其家庭分工受到很大影响，导致王女士的家庭照顾压力过大。她来穗务工，朋友不多，社会网络支持缺乏。

2. 亲子关系改善的需求

王女士是一位环卫工人，文化水平不高，对孩子的心理发展阶段不了解，从而忽视了大女儿因二胎妹妹的出生而导致的关爱缺失，致使大女儿认为采取哭闹的方式能引起父母的关注。

三、服务计划

缓解案主的焦虑情绪，减轻案主的家庭照顾压力，提高案主的教育技巧，增进案主的亲子关系。

四、服务计划实施过程

（1）案主情况与变化

社工通过家访，深入与案主面谈时，发现案主的照顾压力较大。案主表示丈夫没受伤之前，家庭的分工很明确。丈夫下班后会帮忙煮饭，案主则可以陪伴孩子做作业，或者陪伴她们做手工。但是自从丈夫受伤后，家务增多了，没时间陪伴孩子，而且丈夫也会经常发脾气。案主一边小心翼翼地照顾着丈夫的情绪，一边处理工作、家务等各种事情，对孩子也没了耐心。案主表示自己也跟大女儿耐心沟通过，但是大女儿都不听，只有打骂，大女儿才会听话一点，所以教育方式也有所改变了。社工了解到案主的大女儿非常喜欢做饭，但是案主顾虑其安全，一直都不肯让她动手做饭。同时，社工也跟案主的大女儿进行了交谈，对其作了初步评估，也邀请了她参加社工站的小组活动，社工发现案主大女儿的社交能力非常好，也并不像案主描述的样子——大女儿总是以哭闹来解决问题。在案主大女儿的眼里，妈妈总是会偏袒妹妹多一点，也觉得妹妹很爱哭。

（2）社工工作重点与采取的行动

社工向案主对比了暴力沟通与非暴力沟通的利弊，案主也表示自己打骂孩子确实太过分了。社工与案主探讨了案主家庭变故后孩子的变化及家庭的变化，与丈夫的分工是否可以调整为丈夫负责辅导孩子的学业，或者在丈夫的陪伴下，让大女儿为家人煮一顿饭，减轻案主的照顾压力。社工站还邀请案主与大女儿参加了社工站的来穗家庭活动。

五、评估与成效

1. 评估

通过观察法、访谈法等方式进行。社工通过邀请案主及其大女儿参加社工站的活动，观察她们在沟通方式上的改变。同时，通过与案主面谈，让案主自评近期与大女儿的沟通方式是否改善。

2. 成效

①案主意识到自己的教育方式过激，自己也在反省；

②打骂孩子的行为减少了；

③尝试让大女儿去做饭，发挥孩子的积极主动性；

④告诉女儿自己的想法，表示两个孩子都是妈妈的最爱；

⑤个案已经结案，邀请案主和孩子后续参加社工站的活动。

六、专业反思

在处理个案的过程中，要注意充分运用各种方法和技巧，把理论和实际结合起来。初步接触案主时，社工应从案主感兴趣的话题入手，逐步取得案主信任。在跟进个案过程中，社工要充分认清自身的角色，做到共情但不过分卷入。合理利用案主自身可利用的资源，调动一切积极因素来为案主服务。

在整个调解过程中，社工要始终以积极、平等和接纳的态度对待案主，利用倾听、引导、反馈等沟通技巧，让案主反思自己的不适当行为，并使案主学会利用周围的资源，提高其解决问题的能力。

涉毒人员的家事调解

第七篇

一、个案背景

案主 F，男，44 岁，未婚，社工为其进入强制隔离戒毒所（以下简称"强戒所"）开展小组工作，接触案主共 3 次，案主的表现沉默、内敛，但是能初步建立服务关系。1993 年，案主开始吸食海洛因，多次自愿戒毒或至强戒所戒毒。2018 年 6 月，案主出所，成为一名社区康复人员。

通过家访及面谈，了解到案主的父母、姐姐、哥哥多年来一直都不愿意放弃案主，但是对于案主的不断复吸无可奈何。案主家人总结以往对案主的支持主要是三句话："戒了吧""重新做人吧""不要再与外面的人来往了"。案主家人表示只能如此说，却不知道还能怎么做；案主向社工说其对于这"三笃屁"（广东话，又称三句话说教，形容说话没新意，说来说去都是同一样东西，跟放屁没分别）很反感。

案主自从 1993 年涉毒至今，共就业 2 次，皆因为接触"毒友圈的朋友"而再次复吸。其他时间，案主不是在自愿戒毒就是在强戒所戒毒，或者被"困"在家里（案主家人担心案主外出工作有收入复吸、外出容易被毒友再影响，所以不让案主外出工作）。关于就业，案主直接说没有想过，不知道能做什么。

二、问题分析

1. 自身及家庭分析

（1）关于信念，多年吸毒的经历，对于案主在心理上的影响比较深，案主对毒品的危害以及戒毒的想法不坚定。

（2）关于就业，因为多年吸毒的经历，让案主没有思考过就业问题，同时也没有信心就业。

（3）关于家庭支持，案主家人鼓励案主戒毒，对于案主的戒毒是有很大的动力和支持的，但他们采用的支持方式让案主很反感，起不到明显作用。

2. 实际需求分析

（1）案主需要从意识层面感受到吸毒的危害和影响。

（2）案主被困家里会因无聊更容易复吸；案主需要通过就业回归正常生活，积极锻炼，摆正心态，结识新朋友，从而帮助其有效戒毒。

（3）案主家人一直没有放弃案主，但是对于案主戒毒没有找到有效方式，不仅支持方式起不到作用，还让案主感到反感。案主家人需要学习到有效的支持方式来促进案主戒毒，同时积极改善彼此的关系。

三、服务计划

综合对案主及家庭情况的了解，社工经过与案主以及案主家人的沟通，制定了服务目标，并根据服务目标以及资源，制定了服务策略。

1. 服务目标

引导案主意识到戒毒的重要性、维持戒毒操守、促进案主就业以及就业适应、促进案主家人掌握正向的家庭支持方式有效支持案主戒毒；全面促进案主戒毒操守的维持。

（1）帮助案主认识到戒毒的重要性；

（2）案主积极履行社区康复协议，维持操守一年及以上；

（3）一年内促进案主成功就业1次并维持3个月及以上；

（4）半年内促进案主家人掌握3种及以上家庭支持方式，并能正确运用。

2. 服务策略

（1）案主个人层面戒毒意识提升及就业行动践行

案主对于毒品的认识不清楚，也没意识到毒品危害的严重性。因此，社工在提供专业服务的时候，借助口述史的形式打破案主的沉默，促使案主回顾其人生，意识到毒品的危害，促使其有意识地戒毒。

案主没想过就业，也没有自信。首先，社工通过和案主梳理其以往的就业经历，挖掘案主的潜能，进行肯定；其次，和案主探讨其希望可以从事的工作；再次，为案主提供就业资源，并陪同案主去面试；最后，为案主提供就业适应支持，促进案主适应就业。

（2）家庭层面支持能力提升，修复家庭关系

案主十几岁开始涉毒，家里人始终不愿意放弃他，帮助他自愿戒毒。案主在劳教及被强戒期间，尽管家人一直有定期探望，但却表示不知道怎么样才能帮到案主，家人很彷徨、很纠结，也有想过放弃案主，却又不甘心。

案主表示，对于多年来家里说教的方式很反感。案主和家里人没有过多的语言交流，平时就是一起吃饭，其间很少说话，吃完饭

就回自己的房间。如果在吃饭过程中出现说教，案主就会停下筷子走开。

在案主吸毒以及戒毒的路上，案主家人一直没找到合适的支持方式，导致案主与家人在戒毒问题上有矛盾；对于案主外出或者就业，家人不放心。

社工在介入期间，采取如下服务策略：从案主姐姐入手，作为案主家人支持方式改变的突破口，计划运用口述的方式，引导案主姐姐参与回顾案主过往人生，分析回顾过往家庭支持方式，剖析过往家庭支持方式存在的问题，从而获得参与制订社工专业服务计划的认同；协助案主姐姐学习家庭正向支持的知识，提供活动平台，促进案主与姐姐互动，主动表达自己的意愿；同时进行家访，借助案主的家庭平台，促进案主与家人的沟通互动；引导案主姐姐运用家庭正向支持知识来影响案主其他家人（父母、兄弟）；对案主家人运用正向支持方式及时给予肯定，并让案主感受到家人的改变，家人减少甚至不再说教、放手让案主出门走走、支持案主就业。

四、服务计划实施过程

1. 家访、口述史访谈促使案主打开内心以及认知调整

案主出所后，社工与专干第一次家访。在社工进入案主家的时候，案主第一时间开放式地站起来打招呼，可见社工与案主初步建立了良好的服务关系。

社工了解到，案主家人目前对于案主的支持方式（给楼顶的花草浇水、出租的房子退租时搞卫生、楼梯卫生打扫），以及家人多年来的不放弃，理解他们心累且抱有深深的无奈。社工肯定了案主家人的不放弃，提供了情感支持，进行了情绪疏导。案主家人则表示

见到社工，就好像看到了希望。

社工向案主及案主家人讲述口述意义，邀请案主参与口述工作，案主表示愿意尝试参与，但是不知道能不能坚持完成。社工感谢了案主的支持，并表示在对案主的访谈过程中会尊重其意愿，可以随时暂停。

在进行口述过程中，案主坦诚过往的经历，并且分享了自己的想法，包括对家人支持方式的内心感受，案主用了一个词"反感"且重复强调。在对案主进行第 2 次口述访谈中，案主由第一次口述时的紧张转变为踏实自然，且口述过程中始终面露灿烂的笑容，还不失幽默。

在对案主姐姐的口述访谈中，姐姐坦诚家人对于案主经常用的说教方式，不但用三句话的方式说教，还因家人内心一直担心案主出门就会复吸，所以只要案主不出门就放心的心态，以至于案主很少出门等。社工与姐姐探讨其家人这些支持方式对于案主多年来的有效支持情况，引导姐姐改变家人对以往的支持方式的认知，姐姐也意识到以往的家庭支持方式以及支持环境其实是不适合案主进行戒毒康复的。

2. 促使家人运用家庭正向支持方式，支持案主身心康复

社工与案主姐姐探讨适合案主的家庭支持方式，并请姐姐回家和家人分享，一起参与并运用家庭正向支持方式，支持案主进行戒毒康复。在分享后，案主家人纷纷表示意识到曾经对案主的说教是无效的，还可以换一种支持方式，他们认为通过社工的帮助似乎找到了有效的支持方式，也意识到尊重、接纳、参与家庭事务、家庭决议、家庭重大事件、家庭外出聚餐等对支持案主身心康复是正向且重要的。

在这一过程中，社工一直在跟进案主家人对案主的支持，对于

做得好的给予肯定。对于未能做到的进行引导，促使其扩展支持内容。社工召开茶话会，探讨家庭正向支持的话题，社工通过阐释该活动对于案主与家庭的作用，邀请案主和案主姐姐参与，在过程中案主与姐姐积极学习、探讨家庭正向支持的定义和内容，并通过自我分享说明家庭正向支持的内容和作用。

案主的家人不但不再提以往无用的说教，不再提过去，而是关注案主当下，支持案主当下，并且还传递信息给熟悉的或者陌生的亲戚，转变亲戚对案主以往说教的形式转向正向支持，避免无效支持的说教再出现。

3. 就业生活促进戒毒，适应工作融入社会康复

社工致电案主姐姐，回应关于她上次提出希望社工给戒毒人员提供就业资源信息，并简单介绍资源信息（广东省三水戒毒康复管理所）的基本情况，包括地址、戒毒康复模式等。案主姐姐表示感谢，且对该就业资源信息感兴趣。随后，社工致电案主，告诉案主有关就业信息并约好时间到案主家里进行具体沟通。到了约好的时间，社工与专干带着关于三水康福苑的简介到案主家，向案主与案主父亲详细介绍简介上的内容，并记录了需要进一步了解的信息（案主提出了自己的想法，比如工作时长、工种，并表示如果合适，想去这家管理所工作一段时间，等适应了工作节奏，戒了心瘾后就出来，再回归社会），随即社工同案主现场拨打电话咨询。最后案主和家人商量后，确定了去康福苑的参观日期。

社工陪同案主及家人一起到三水康福苑参观，参观后案主决定现场办理入职手续。案主拿着行李（出发前已做好准备）准备进去的时候，走过来和社工说："我进去了。"如学生入学一样，声音中透露出由衷的开心。

回程的路上，社工与案主姐姐沟通后期家人与案主的互动，表

示将时刻关注案主到康福苑的生活与工作。

案主到三水康福苑后一个多月，案主姐姐主动反馈：案主爸爸觉得案主开朗了很多，不同于以前；案主姐夫也觉得案主眼神不同以前，长肉了，人不同了。案主国庆休假7天，在家帮爸妈做事情，种花、收拾东西、打扫楼梯，不用叫都会主动自觉去做。案主姐姐觉得案主比以前白了很多，也长肉了，以前黑瘦黑瘦的。

社工在对案主进入康福苑后的4个月内进行了多次跟进，包括电话、面谈与家访，促进案主适应康福苑的生活与工作。案主在三水康福苑每月的工资递增，且每次放假都有家里人接送，并在三水找农家饭店一起吃饭。

4. 工作危机出现，社工即时干预，化解危机

危机事件发生在案主在三水康福苑工作4个多月后的一天。案主姐姐微信留言给社工称案主被开除，社工即时回电了解情况。"你好，我刚刚接到三水康福苑的电话，说弟弟被开除了。我不知道弟弟现在在哪儿，我担心他不懂得回来，在路上被毒友骗走。三水康福苑怎么说开除就开除，没有人情味，也不提前告知一声，一开除就让卷包袱走人……"案主姐姐的哭声中透露出无奈。社工随即疏导案主姐姐情绪，表示理解她担心弟弟的心情，同时致电康福苑了解案主被开除的具体情况。

随后，社工致电案主，关心他吃没吃午饭，现在人在哪儿，并告知会在地铁口接他。（您吃午饭了吗？现在在哪里呀？哦，工友帮您打车去汽车站了呀，挺好的！……几点到地铁站？我去接您。）

与案主通话后，社工致电案主姐姐，告知她案主正在回来的路上以及预计到达的时间，邀请案主姐姐一起去地铁口接案主。

社工致电三水康福苑对接工作人员，了解到了案主被解雇的情况。随即告知案主姐姐社工调查出的关于案主被开除的原因，消除

她及家人的内心困惑与不解，甚至不满。接着，社工提前与案主家人沟通，争取到所有人的正向支持，接纳案主被解雇，提前离开三水康福苑回家的现实。

下午上班时间，社工从案主处了解到了案主快到达地铁口的信息，及时通知案主姐姐，几人一同出门去接案主。接到案主后先回社康中心，与案主进行面谈，通过案主的自述还原被开除事件，案主坦承是其违反了康福苑的规定，擅自将食物传递进康福苑，所以自愿承担被开除的结果。案主姐姐表示尊重这个结果，现场案主姐姐没有责骂案主，体现出接纳案主犯错及犯错后的认识。社工再进一步引导案主，案主表示回家会和家人坦承这件事，相信其他家人也会和姐姐一样，接纳他。

案主回家后的一两天，社工继续跟进了解案主及其家人的情况，引导家庭对案主的正向支持。

5. 就业帮扶与跟进

案主和姐姐一起种水仙，并在春节前销售，过程中得到社工给予的肯定与支持；案主准备摆摊卖水果，且了解清楚了拿货渠道。社工与案主多次探讨，了解其真实想法。案主父亲入货柏树苗，案主改变原先摆摊卖水果的计划，改为帮父亲照料柏树苗。案主告知社工要去面试一家老字号的工厂，对方要求做体检。社工肯定了案主主动去面试并通过面试，支持鼓励案主去做体检，并跟进其做体检的时间和体检结果。

5月份，案主正式上班，第一周上班中，社工及时了解他在工厂的适应情况并给予疏导，案主将其第一个月考核的要求给社工看，社工即时了解案主最有困难的地方，梳理案主所说的难点，举例子向案主讲解如何操作，并引导其请教同事的方式。

6月份，收到案主的好消息，他过了试用期，月收入将近4000元。

6—7月份，案主的加班多起来，社工及时跟进了案主对于加班的适应情况，并给予鼓励和肯定，同时，引导案主做好与同事的沟通互动。

9—10月份，随着季节的影响，案主工厂的加班相对少了。其间，案主与同事的关系良好，互相帮忙，会一起外出吃饭、参加团建活动等。

五、评估与成效

1. 评估

社工介入提供专业服务后，在案主以及案主家人的支持下，此次服务目标已经达到。

案主清楚知道戒毒的重要性并有所行动，案主出所后1个多月在社工的陪同下到三水康福苑考察，并成功入住三水康福苑进行戒毒康复及就业。案主出所近16个多月未复吸，操守维持良好；随后案主成为街道禁毒办的志愿者，并协助参加禁毒活动；案主全身心得以放松，精神状态良好。

2. 成效

案主在三水康福苑4个多月后回到家，主动协助家里种植树种，临近春节还与姐姐一起种水仙销售盈利1000多元。后来在亲戚的介绍下，成功应聘一家企业并顺利工作7个多月，与同事关系良好。

案主家人学习并运用家庭正向支持方式，在家庭中不再出现单一的说教方式，给予案主参与家庭事务、家庭重大决议的平台，一家人一起外出聚餐等；案主家人甚至影响到了熟悉或者疏远的亲戚，他们看到了案主的良好转变，还主动给案主介绍工作。

虽然服务目标已经达到，但是案主属于社区康复人员，仍然需要社工跟进提供支持。借此机会，社工继续支持案主的稳定就业，协助其拓展良好的朋友圈；继续巩固案主家人对于案主的正向支持，促使案主自我价值感和家庭归属感的增强。

六、专业反思

社工在服务对象出所前，与其建立服务关系，有利于社工对服务对象的及时跟进；服务对象出所后，社工及时家访，取得服务对象家人的支持，与服务对象家人建立服务关系；全面了解服务对象与家人的互动关系，以家庭系统的视角去观察以及作出评估需求。

危机事件的判断和及时处理，有助于服务对象及家人对社工工作的认同，并能使服务对象及家人更积极地配合社工支持计划，这是服务开展的关键；正向支持的视角融入整个服务中；资源整合的运用，包括口述的参与、三水康福苑协助活动、参加社会公益活动等，均有利于服务对象拓展社会视角，改善戒毒支持结构。

为服务对象提供平台，比如志愿服务平台，可促进服务对象提升自我的社会价值感。社工在不同阶段作适当的、有计划、有节奏的跟进，有利于推动服务对象的身心康复。

附　　录

中华人民共和国民法典（婚姻家庭编）

(2020 年 5 月 28 日第十三届全国人民代表大会
第三次会议通过)

第五编　婚姻家庭

第一章　一般规定

第一千零四十条　本编调整因婚姻家庭产生的民事关系。

第一千零四十一条　婚姻家庭受国家保护。

实行婚姻自由、一夫一妻、男女平等的婚姻制度。

保护妇女、未成年人、老年人、残疾人的合法权益。

第一千零四十二条　禁止包办、买卖婚姻和其他干涉婚姻自由的行为。禁止借婚姻索取财物。

禁止重婚。禁止有配偶者与他人同居。

禁止家庭暴力。禁止家庭成员间的虐待和遗弃。

第一千零四十三条　家庭应当树立优良家风，弘扬家庭美德，重视家庭文明建设。

夫妻应当互相忠实，互相尊重，互相关爱；家庭成员应当敬老爱幼，互相帮助，维护平等、和睦、文明的婚姻家庭关系。

第一千零四十四条　收养应当遵循最有利于被收养人的原则，保障被收养人和收养人的合法权益。

禁止借收养名义买卖未成年人。

第一千零四十五条　亲属包括配偶、血亲和姻亲。

配偶、父母、子女、兄弟姐妹、祖父母、外祖父母、孙子女、外孙子女为近亲属。

配偶、父母、子女和其他共同生活的近亲属为家庭成员。

第二章　结　婚

第一千零四十六条　结婚应当男女双方完全自愿，禁止任何一方对另一方加以强迫，禁止任何组织或者个人加以干涉。

第一千零四十七条　结婚年龄，男不得早于二十二周岁，女不得早于二十周岁。

第一千零四十八条　直系血亲或者三代以内的旁系血亲禁止结婚。

第一千零四十九条　要求结婚的男女双方应当亲自到婚姻登记机关申请结婚登记。符合本法规定的，予以登记，发给结婚证。完成结婚登记，即确立婚姻关系。未办理结婚登记的，应当补办登记。

第一千零五十条　登记结婚后，按照男女双方约定，女方可以成为男方家庭的成员，男方可以成为女方家庭的成员。

第一千零五十一条　有下列情形之一的，婚姻无效：

（一）重婚；

（二）有禁止结婚的亲属关系；

（三）未到法定婚龄。

第一千零五十二条　因胁迫结婚的，受胁迫的一方可以向人民法院请求撤销婚姻。

请求撤销婚姻的，应当自胁迫行为终止之日起一年内提出。

被非法限制人身自由的当事人请求撤销婚姻的，应当自恢复人身自由之日起一年内提出。

第一千零五十三条　一方患有重大疾病的，应当在结婚登记前如实告知另一方；不如实告知的，另一方可以向人民法院请求撤销婚姻。

请求撤销婚姻的，应当自知道或者应当知道撤销事由之日起一年内提出。

第一千零五十四条　无效的或者被撤销的婚姻自始没有法律约束力，当事人不具有夫妻的权利和义务。同居期间所得的财产，由当事人协议处理；协议不成的，由人民法院根据照顾无过错方的原则判决。对重婚导致的无效婚姻的财产处理，不得侵害合法婚姻当事人的财产权益。当事人所生的子女，适用本法关于父母子女的规定。

婚姻无效或者被撤销的，无过错方有权请求损害赔偿。

第三章　家庭关系

第一节　夫妻关系

第一千零五十五条　夫妻在婚姻家庭中地位平等。

第一千零五十六条　夫妻双方都有各自使用自己姓名的权利。

第一千零五十七条　夫妻双方都有参加生产、工作、学习和社会活动的自由，一方不得对另一方加以限制或者干涉。

第一千零五十八条　夫妻双方平等享有对未成年子女抚养、教育和保护的权利，共同承担对未成年子女抚养、教育和保护的义务。

第一千零五十九条　夫妻有相互扶养的义务。

需要扶养的一方，在另一方不履行扶养义务时，有要求其给付扶养费的权利。

第一千零六十条　夫妻一方因家庭日常生活需要而实施的民事法律行为，对夫妻双方发生效力，但是夫妻一方与相对人另有约定的除外。

夫妻之间对一方可以实施的民事法律行为范围的限制，不得对抗善意相对人。

第一千零六十一条 夫妻有相互继承遗产的权利。

第一千零六十二条 夫妻在婚姻关系存续期间所得的下列财产，为夫妻的共同财产，归夫妻共同所有：

（一）工资、奖金、劳务报酬；

（二）生产、经营、投资的收益；

（三）知识产权的收益；

（四）继承或者受赠的财产，但是本法第一千零六十三条第三项规定的除外；

（五）其他应当归共同所有的财产。

夫妻对共同财产，有平等的处理权。

第一千零六十三条 下列财产为夫妻一方的个人财产：

（一）一方的婚前财产；

（二）一方因受到人身损害获得的赔偿或者补偿；

（三）遗嘱或者赠与合同中确定只归一方的财产；

（四）一方专用的生活用品；

（五）其他应当归一方的财产。

第一千零六十四条 夫妻双方共同签名或者夫妻一方事后追认等共同意思表示所负的债务，以及夫妻一方在婚姻关系存续期间以个人名义为家庭日常生活需要所负的债务，属于夫妻共同债务。

夫妻一方在婚姻关系存续期间以个人名义超出家庭日常生活需要所负的债务，不属于夫妻共同债务；但是，债权人能够证明该债务用于夫妻共同生活、共同生产经营或者基于夫妻双方共同意思表示的除外。

第一千零六十五条 男女双方可以约定婚姻关系存续期间所得

的财产以及婚前财产归各自所有、共同所有或者部分各自所有、部分共同所有。约定应当采用书面形式。没有约定或者约定不明确的，适用本法第一千零六十二条、第一千零六十三条的规定。

夫妻对婚姻关系存续期间所得的财产以及婚前财产的约定，对双方具有法律约束力。

夫妻对婚姻关系存续期间所得的财产约定归各自所有，夫或者妻一方对外所负的债务，相对人知道该约定的，以夫或者妻一方的个人财产清偿。

第一千零六十六条　婚姻关系存续期间，有下列情形之一的，夫妻一方可以向人民法院请求分割共同财产：

（一）一方有隐藏、转移、变卖、毁损、挥霍夫妻共同财产或者伪造夫妻共同债务等严重损害夫妻共同财产利益的行为；

（二）一方负有法定扶养义务的人患重大疾病需要医治，另一方不同意支付相关医疗费用。

第二节　父母子女关系和其他近亲属关系

第一千零六十七条　父母不履行抚养义务的，未成年子女或者不能独立生活的成年子女，有要求父母给付抚养费的权利。

成年子女不履行赡养义务的，缺乏劳动能力或者生活困难的父母，有要求成年子女给付赡养费的权利。

第一千零六十八条　父母有教育、保护未成年子女的权利和义务。未成年子女造成他人损害的，父母应当依法承担民事责任。

第一千零六十九条　子女应当尊重父母的婚姻权利，不得干涉父母离婚、再婚以及婚后的生活。子女对父母的赡养义务，不因父母的婚姻关系变化而终止。

第一千零七十条　父母和子女有相互继承遗产的权利。

第一千零七十一条　非婚生子女享有与婚生子女同等的权利，

任何组织或者个人不得加以危害和歧视。

不直接抚养非婚生子女的生父或者生母，应当负担未成年子女或者不能独立生活的成年子女的抚养费。

第一千零七十二条　继父母与继子女间，不得虐待或者歧视。

继父或者继母和受其抚养教育的继子女间的权利义务关系，适用本法关于父母子女关系的规定。

第一千零七十三条　对亲子关系有异议且有正当理由的，父或者母可以向人民法院提起诉讼，请求确认或者否认亲子关系。

对亲子关系有异议且有正当理由的，成年子女可以向人民法院提起诉讼，请求确认亲子关系。

第一千零七十四条　有负担能力的祖父母、外祖父母，对于父母已经死亡或者父母无力抚养的未成年孙子女、外孙子女，有抚养的义务。

有负担能力的孙子女、外孙子女，对于子女已经死亡或者子女无力赡养的祖父母、外祖父母，有赡养的义务。

第一千零七十五条　有负担能力的兄、姐，对于父母已经死亡或者父母无力抚养的未成年弟、妹，有扶养的义务。

由兄、姐扶养长大的有负担能力的弟、妹，对于缺乏劳动能力又缺乏生活来源的兄、姐，有扶养的义务。

第四章　离　婚

第一千零七十六条　夫妻双方自愿离婚的，应当签订书面离婚协议，并亲自到婚姻登记机关申请离婚登记。

离婚协议应当载明双方自愿离婚的意思表示和对子女抚养、财产以及债务处理等事项协商一致的意见。

第一千零七十七条　自婚姻登记机关收到离婚登记申请之日起

三十日内，任何一方不愿意离婚的，可以向婚姻登记机关撤回离婚登记申请。

前款规定期限届满后三十日内，双方应当亲自到婚姻登记机关申请发给离婚证；未申请的，视为撤回离婚登记申请。

第一千零七十八条　婚姻登记机关查明双方确实是自愿离婚，并已经对子女抚养、财产以及债务处理等事项协商一致的，予以登记，发给离婚证。

第一千零七十九条　夫妻一方要求离婚的，可以由有关组织进行调解或者直接向人民法院提起离婚诉讼。

人民法院审理离婚案件，应当进行调解；如果感情确已破裂，调解无效的，应当准予离婚。

有下列情形之一，调解无效的，应当准予离婚：

（一）重婚或者与他人同居；

（二）实施家庭暴力或者虐待、遗弃家庭成员；

（三）有赌博、吸毒等恶习屡教不改；

（四）因感情不和分居满二年；

（五）其他导致夫妻感情破裂的情形。

一方被宣告失踪，另一方提起离婚诉讼的，应当准予离婚。

经人民法院判决不准离婚后，双方又分居满一年，一方再次提起离婚诉讼的，应当准予离婚。

第一千零八十条　完成离婚登记，或者离婚判决书、调解书生效，即解除婚姻关系。

第一千零八十一条　现役军人的配偶要求离婚，应当征得军人同意，但是军人一方有重大过错的除外。

第一千零八十二条　女方在怀孕期间、分娩后一年内或者终止妊娠后六个月内，男方不得提出离婚；但是，女方提出离婚或者人民法院认为确有必要受理男方离婚请求的除外。

第一千零八十三条 离婚后，男女双方自愿恢复婚姻关系的，应当到婚姻登记机关重新进行结婚登记。

第一千零八十四条 父母与子女间的关系，不因父母离婚而消除。离婚后，子女无论由父或者母直接抚养，仍是父母双方的子女。

离婚后，父母对于子女仍有抚养、教育、保护的权利和义务。

离婚后，不满两周岁的子女，以由母亲直接抚养为原则。已满两周岁的子女，父母双方对抚养问题协议不成的，由人民法院根据双方的具体情况，按照最有利于未成年子女的原则判决。子女已满八周岁的，应当尊重其真实意愿。

第一千零八十五条 离婚后，子女由一方直接抚养的，另一方应当负担部分或者全部抚养费。负担费用的多少和期限的长短，由双方协议；协议不成的，由人民法院判决。

前款规定的协议或者判决，不妨碍子女在必要时向父母任何一方提出超过协议或者判决原定数额的合理要求。

第一千零八十六条 离婚后，不直接抚养子女的父或者母，有探望子女的权利，另一方有协助的义务。

行使探望权利的方式、时间由当事人协议；协议不成的，由人民法院判决。

父或者母探望子女，不利于子女身心健康的，由人民法院依法中止探望；中止的事由消失后，应当恢复探望。

第一千零八十七条 离婚时，夫妻的共同财产由双方协议处理；协议不成的，由人民法院根据财产的具体情况，按照照顾子女、女方和无过错方权益的原则判决。

对夫或者妻在家庭土地承包经营中享有的权益等，应当依法予以保护。

第一千零八十八条　夫妻一方因抚育子女、照料老年人、协助另一方工作等负担较多义务的，离婚时有权向另一方请求补偿，另一方应当给予补偿。具体办法由双方协议；协议不成的，由人民法院判决。

第一千零八十九条　离婚时，夫妻共同债务应当共同偿还。共同财产不足清偿或者财产归各自所有的，由双方协议清偿；协议不成的，由人民法院判决。

第一千零九十条　离婚时，如果一方生活困难，有负担能力的另一方应当给予适当帮助。具体办法由双方协议；协议不成的，由人民法院判决。

第一千零九十一条　有下列情形之一，导致离婚的，无过错方有权请求损害赔偿：

（一）重婚；

（二）与他人同居；

（三）实施家庭暴力；

（四）虐待、遗弃家庭成员；

（五）有其他重大过错。

第一千零九十二条　夫妻一方隐藏、转移、变卖、毁损、挥霍夫妻共同财产，或者伪造夫妻共同债务企图侵占另一方财产的，在离婚分割夫妻共同财产时，对该方可以少分或者不分。离婚后，另一方发现有上述行为的，可以向人民法院提起诉讼，请求再次分割夫妻共同财产。

第五章　收　养

第一节　收养关系的成立

第一千零九十三条　下列未成年人，可以被收养：

（一）丧失父母的孤儿；

（二）查找不到生父母的未成年人；

（三）生父母有特殊困难无力抚养的子女。

第一千零九十四条 下列个人、组织可以作送养人：

（一）孤儿的监护人；

（二）儿童福利机构；

（三）有特殊困难无力抚养子女的生父母。

第一千零九十五条 未成年人的父母均不具备完全民事行为能力且可能严重危害该未成年人的，该未成年人的监护人可以将其送养。

第一千零九十六条 监护人送养孤儿的，应当征得有抚养义务的人同意。有抚养义务的人不同意送养、监护人不愿意继续履行监护职责的，应当依照本法第一编的规定另行确定监护人。

第一千零九十七条 生父母送养子女，应当双方共同送养。生父母一方不明或者查找不到的，可以单方送养。

第一千零九十八条 收养人应当同时具备下列条件：

（一）无子女或者只有一名子女；

（二）有抚养、教育和保护被收养人的能力；

（三）未患上认为不应当收养子女的疾病；

（四）无不利于被收养人健康成长的违法犯罪记录；

（五）年满三十周岁。

第一千零九十九条 收养三代以内旁系同辈血亲的子女，可以不受本法第一千零九十三条第三项、第一千零九十四条第三项和第一千一百零二条规定的限制。

华侨收养三代以内旁系同辈血亲的子女，还可以不受本法第一千零九十八条第一项规定的限制。

第一千一百条 无子女的收养人可以收养两名子女；有子女的

收养人只能收养一名子女。

收养孤儿、残疾未成年人或者儿童福利机构抚养的查找不到生父母的未成年人，可以不受前款和本法第一千零九十八条第一项规定的限制。

第一千一百零一条 有配偶者收养子女，应当夫妻共同收养。

第一千一百零二条 无配偶者收养异性子女的，收养人与被收养人的年龄应当相差四十周岁以上。

第一千一百零三条 继父或者继母经继子女的生父母同意，可以收养继子女，并可以不受本法第一千零九十三条第三项、第一千零九十四条第三项、第一千零九十八条和第一千一百条第一款规定的限制。

第一千一百零四条 收养人收养与送养人送养，应当双方自愿。收养八周岁以上未成年人的，应当征得被收养人的同意。

第一千一百零五条 收养应当向县级以上人民政府民政部门登记。收养关系自登记之日起成立。

收养查找不到生父母的未成年人的，办理登记的民政部门应当在登记前予以公告。

收养关系当事人愿意签订收养协议的，可以签订收养协议。

收养关系当事人各方或者一方要求办理收养公证的，应当办理收养公证。

县级以上人民政府民政部门应当依法进行收养评估。

第一千一百零六条 收养关系成立后，公安机关应当按照国家有关规定为被收养人办理户口登记。

第一千一百零七条 孤儿或者生父母无力抚养的子女，可以由生父母的亲属、朋友抚养；抚养人与被抚养人的关系不适用本章规定。

第一千一百零八条 配偶一方死亡，另一方送养未成年子女的，死亡一方的父母有优先抚养的权利。

第一千一百零九条 外国人依法可以在中华人民共和国收养子女。

外国人在中华人民共和国收养子女，应当经其所在国主管机关依照该国法律审查同意。收养人应当提供由其所在国有权机构出具的有关其年龄、婚姻、职业、财产、健康、有无受过刑事处罚等状况的证明材料，并与送养人签订书面协议，亲自向省、自治区、直辖市人民政府民政部门登记。

前款规定的证明材料应当经收养人所在国外交机关或者外交机关授权的机构认证，并经中华人民共和国驻该国使领馆认证，但是国家另有规定的除外。

第一千一百一十条 收养人、送养人要求保守收养秘密的，其他人应当尊重其意愿，不得泄露。

第二节 收养的效力

第一千一百一十一条 自收养关系成立之日起，养父母与养子女间的权利义务关系，适用本法关于父母子女关系的规定；养子女与养父母的近亲属间的权利义务关系，适用本法关于子女与父母的近亲属关系的规定。

养子女与生父母以及其他近亲属间的权利义务关系，因收养关系的成立而消除。

第一千一百一十二条 养子女可以随养父或者养母的姓氏，经当事人协商一致，也可以保留原姓氏。

第一千一百一十三条 有本法第一编关于民事法律行为无效规定情形或者违反本编规定的收养行为无效。

无效的收养行为自始没有法律约束力。

第三节　收养关系的解除

第一千一百一十四条　收养人在被收养人成年以前，不得解除收养关系，但是收养人、送养人双方协议解除的除外。养子女八周岁以上的，应当征得本人同意。

收养人不履行抚养义务，有虐待、遗弃等侵害未成年养子女合法权益行为的，送养人有权要求解除养父母与养子女间的收养关系。送养人、收养人不能达成解除收养关系协议的，可以向人民法院提起诉讼。

第一千一百一十五条　养父母与成年养子女关系恶化、无法共同生活的，可以协议解除收养关系。不能达成协议的，可以向人民法院提起诉讼。

第一千一百一十六条　当事人协议解除收养关系的，应当到民政部门办理解除收养关系登记。

第一千一百一十七条　收养关系解除后，养子女与养父母以及其他近亲属间的权利义务关系即行消除，与生父母以及其他近亲属间的权利义务关系自行恢复。但是，成年养子女与生父母以及其他近亲属间的权利义务关系是否恢复，可以协商确定。

第一千一百一十八条　收养关系解除后，经养父母抚养的成年养子女，对缺乏劳动能力又缺乏生活来源的养父母，应当给付生活费。因养子女成年后虐待、遗弃养父母而解除收养关系的，养父母可以要求养子女补偿收养期间支出的抚养费。

生父母要求解除收养关系的，养父母可以要求生父母适当补偿收养期间支出的抚养费；但是，因养父母虐待、遗弃养子女而解除收养关系的除外。

附件二

中华人民共和国人民调解法

（2010 年 8 月 28 日第十一届全国人民代表大会
常务委员会第十六次会议通过）

第一章 总 则

第一条 为了完善人民调解制度，规范人民调解活动，及时解决民间纠纷，维护社会和谐稳定，根据宪法，制定本法。

第二条 本法所称人民调解，是指人民调解委员会通过说服、疏导等方法，促使当事人在平等协商基础上自愿达成调解协议，解决民间纠纷的活动。

第三条 人民调解委员会调解民间纠纷，应当遵循下列原则：

（一）在当事人自愿、平等的基础上进行调解；

（二）不违背法律、法规和国家政策；

（三）尊重当事人的权利，不得因调解而阻止当事人依法通过仲裁、行政、司法等途径维护自己的权利。

第四条 人民调解委员会调解民间纠纷，不收取任何费用。

第五条 国务院司法行政部门负责指导全国的人民调解工作，县级以上地方人民政府司法行政部门负责指导本行政区域的人民调解工作。

基层人民法院对人民调解委员会调解民间纠纷进行业务指导。

第六条 国家鼓励和支持人民调解工作。县级以上地方人民政府对人民调解工作所需经费应当给予必要的支持和保障，对有突出贡献的人民调解委员会和人民调解员按照国家规定给予表彰奖励。

第二章　人民调解委员会

第七条　人民调解委员会是依法设立的调解民间纠纷的群众性组织。

第八条　村民委员会、居民委员会设立人民调解委员会。企业事业单位根据需要设立人民调解委员会。

人民调解委员会由委员三至九人组成，设主任一人，必要时，可以设副主任若干人。

人民调解委员会应当有妇女成员，多民族居住的地区应当有人数较少民族的成员。

第九条　村民委员会、居民委员会的人民调解委员会委员由村民会议或者村民代表会议、居民会议推选产生；企业事业单位设立的人民调解委员会委员由职工大会、职工代表大会或者工会组织推选产生。

人民调解委员会委员每届任期三年，可以连选连任。

第十条　县级人民政府司法行政部门应当对本行政区域内人民调解委员会的设立情况进行统计，并且将人民调解委员会以及人员组成和调整情况及时通报所在地基层人民法院。

第十一条　人民调解委员会应当建立健全各项调解工作制度，听取群众意见，接受群众监督。

第十二条　村民委员会、居民委员会和企业事业单位应当为人民调解委员会开展工作提供办公条件和必要的工作经费。

第三章　人民调解员

第十三条　人民调解员由人民调解委员会委员和人民调解委员会聘任的人员担任。

第十四条　人民调解员应当由公道正派、热心人民调解工作，并具有一定文化水平、政策水平和法律知识的成年公民担任。

县级人民政府司法行政部门应当定期对人民调解员进行业务培训。

第十五条　人民调解员在调解工作中有下列行为之一的，由其所在的人民调解委员会给予批评教育、责令改正，情节严重的，由推选或者聘任单位予以罢免或者解聘：

（一）偏袒一方当事人的；

（二）侮辱当事人的；

（三）索取、收受财物或者牟取其他不正当利益的；

（四）泄露当事人的个人隐私、商业秘密的。

第十六条　人民调解员从事调解工作，应当给予适当的误工补贴；因从事调解工作致伤致残，生活发生困难的，当地人民政府应当提供必要的医疗、生活救助；在人民调解工作岗位上牺牲的人民调解员，其配偶、子女按照国家规定享受抚恤和优待。

第四章　调解程序

第十七条　当事人可以向人民调解委员会申请调解；人民调解委员会也可以主动调解。当事人一方明确拒绝调解的，不得调解。

第十八条　基层人民法院、公安机关对适宜通过人民调解方式解决的纠纷，可以在受理前告知当事人向人民调解委员会申请调解。

第十九条　人民调解委员会根据调解纠纷的需要，可以指定一名或者数名人民调解员进行调解，也可以由当事人选择一名或者数名人民调解员进行调解。

第二十条　人民调解员根据调解纠纷的需要，在征得当事人的同意后，可以邀请当事人的亲属、邻里、同事等参与调解，也可以邀请具有专门知识、特定经验的人员或者有关社会组织的人员参与调解。

人民调解委员会支持当地公道正派、热心调解、群众认可的社会人士参与调解。

第二十一条　人民调解员调解民间纠纷，应当坚持原则，明法析理，主持公道。

调解民间纠纷，应当及时、就地进行，防止矛盾激化。

第二十二条　人民调解员根据纠纷的不同情况，可以采取多种方式调解民间纠纷，充分听取当事人的陈述，讲解有关法律、法规和国家政策，耐心疏导，在当事人平等协商、互谅互让的基础上提出纠纷解决方案，帮助当事人自愿达成调解协议。

第二十三条　当事人在人民调解活动中享有下列权利：

（一）选择或者接受人民调解员；

（二）接受调解、拒绝调解或者要求终止调解；

（三）要求调解公开进行或者不公开进行；

（四）自主表达意愿、自愿达成调解协议。

第二十四条　当事人在人民调解活动中履行下列义务：

（一）如实陈述纠纷事实；

（二）遵守调解现场秩序，尊重人民调解员；

（三）尊重对方当事人行使权利。

第二十五条　人民调解员在调解纠纷过程中，发现纠纷有可能激化的，应当采取有针对性的预防措施；对有可能引起治安案件、刑事案件的纠纷，应当及时向当地公安机关或者其他有关部门报告。

第二十六条　人民调解员调解纠纷，调解不成的，应当终止调解，并依据有关法律、法规的规定，告知当事人可以依法通过仲裁、行政、司法等途径维护自己的权利。

第二十七条　人民调解员应当记录调解情况。人民调解委员会应当建立调解工作档案，将调解登记、调解工作记录、调解协议书等材料立卷归档。

第五章　调解协议

第二十八条　经人民调解委员会调解达成调解协议的，可以制作调解协议书。当事人认为无需制作调解协议书的，可以采取口头协议方式，人民调解员应当记录协议内容。

第二十九条　调解协议书可以载明下列事项：

（一）当事人的基本情况；

（二）纠纷的主要事实、争议事项以及各方当事人的责任；

（三）当事人达成调解协议的内容，履行的方式、期限。

调解协议书自各方当事人签名、盖章或者按指印，人民调解员签名并加盖人民调解委员会印章之日起生效。调解协议书由当事人各执一份，人民调解委员会留存一份。

第三十条　口头调解协议自各方当事人达成协议之日起生效。

第三十一条　经人民调解委员会调解达成的调解协议，具有法律约束力，当事人应当按照约定履行。

人民调解委员会应当对调解协议的履行情况进行监督，督促当事人履行约定的义务。

第三十二条　经人民调解委员会调解达成调解协议后，当事人之间就调解协议的履行或者调解协议的内容发生争议的，一方当事人可以向人民法院提起诉讼。

第三十三条　经人民调解委员会调解达成调解协议后，双方当事人认为有必要的，可以自调解协议生效之日起三十日内共同向人民法院申请司法确认，人民法院应当及时对调解协议进行审查，依法确认调解协议的效力。

人民法院依法确认调解协议有效，一方当事人拒绝履行或者未全部履行的，对方当事人可以向人民法院申请强制执行。

人民法院依法确认调解协议无效的，当事人可以通过人民调解方式变更原调解协议或者达成新的调解协议，也可以向人民法院提起诉讼。

第六章　附　则

第三十四条　乡镇、街道以及社会团体或者其他组织根据需要可以参照本法有关规定设立人民调解委员会，调解民间纠纷。

第三十五条　本法自 2011 年 1 月 1 日起施行。

附件三

中华人民共和国反家庭暴力法

（2015 年 12 月 27 日第十二届全国人民代表大会
常务委员会第十八次会议通过）

第一章 总 则

第一条 为了预防和制止家庭暴力，保护家庭成员的合法权益，维护平等、和睦、文明的家庭关系，促进家庭和谐、社会稳定，制定本法。

第二条 本法所称家庭暴力，是指家庭成员之间以殴打、捆绑、残害、限制人身自由以及经常性谩骂、恐吓等方式实施的身体、精神等侵害行为。

第三条 家庭成员之间应当互相帮助，互相关爱，和睦相处，履行家庭义务。

反家庭暴力是国家、社会和每个家庭的共同责任。

国家禁止任何形式的家庭暴力。

第四条 县级以上人民政府负责妇女儿童工作的机构，负责组织、协调、指导、督促有关部门做好反家庭暴力工作。

县级以上人民政府有关部门、司法机关、人民团体、社会组织、居民委员会、村民委员会、企业事业单位，应当依照本法和有关法律规定，做好反家庭暴力工作。

各级人民政府应当对反家庭暴力工作给予必要的经费保障。

第五条 反家庭暴力工作遵循预防为主，教育、矫治与惩处相结合原则。

反家庭暴力工作应当尊重受害人真实意愿，保护当事人隐私。

未成年人、老年人、残疾人、孕期和哺乳期的妇女、重病患者遭受家庭暴力的，应当给予特殊保护。

第二章　家庭暴力的预防

第六条　国家开展家庭美德宣传教育，普及反家庭暴力知识，增强公民反家庭暴力意识。

工会、共产主义青年团、妇女联合会、残疾人联合会应当在各自工作范围内，组织开展家庭美德和反家庭暴力宣传教育。

广播、电视、报刊、网络等应当开展家庭美德和反家庭暴力宣传。

学校、幼儿园应当开展家庭美德和反家庭暴力教育。

第七条　县级以上人民政府有关部门、司法机关、妇女联合会应当将预防和制止家庭暴力纳入业务培训和统计工作。

医疗机构应当做好家庭暴力受害人的诊疗记录。

第八条　乡镇人民政府、街道办事处应当组织开展家庭暴力预防工作，居民委员会、村民委员会、社会工作服务机构应当予以配合协助。

第九条　各级人民政府应当支持社会工作服务机构等社会组织开展心理健康咨询、家庭关系指导、家庭暴力预防知识教育等服务。

第十条　人民调解组织应当依法调解家庭纠纷，预防和减少家庭暴力的发生。

第十一条　用人单位发现本单位人员有家庭暴力情况的，应当给予批评教育，并做好家庭矛盾的调解、化解工作。

第十二条　未成年人的监护人应当以文明的方式进行家庭教育，

依法履行监护和教育职责，不得实施家庭暴力。

第三章　家庭暴力的处置

第十三条　家庭暴力受害人及其法定代理人、近亲属可以向加害人或者受害人所在单位、居民委员会、村民委员会、妇女联合会等单位投诉、反映或者求助。有关单位接到家庭暴力投诉、反映或者求助后，应当给予帮助、处理。

家庭暴力受害人及其法定代理人、近亲属也可以向公安机关报案或者依法向人民法院起诉。

单位、个人发现正在发生的家庭暴力行为，有权及时劝阻。

第十四条　学校、幼儿园、医疗机构、居民委员会、村民委员会、社会工作服务机构、救助管理机构、福利机构及其工作人员在工作中发现无民事行为能力人、限制民事行为能力人遭受或者疑似遭受家庭暴力的，应当及时向公安机关报案。公安机关应当对报案人的信息予以保密。

第十五条　公安机关接到家庭暴力报案后应当及时出警，制止家庭暴力，按照有关规定调查取证，协助受害人就医、鉴定伤情。

无民事行为能力人、限制民事行为能力人因家庭暴力身体受到严重伤害、面临人身安全威胁或者处于无人照料等危险状态的，公安机关应当通知并协助民政部门将其安置到临时庇护场所、救助管理机构或者福利机构。

第十六条　家庭暴力情节较轻，依法不给予治安管理处罚的，由公安机关对加害人给予批评教育或者出具告诫书。

告诫书应当包括加害人的身份信息、家庭暴力的事实陈述、禁止加害人实施家庭暴力等内容。

第十七条　公安机关应当将告诫书送交加害人、受害人，并通知居民委员会、村民委员会。

居民委员会、村民委员会、公安派出所应当对收到告诫书的加害人、受害人进行查访，监督加害人不再实施家庭暴力。

第十八条　县级或者设区的市级人民政府可以单独或者依托救助管理机构设立临时庇护场所，为家庭暴力受害人提供临时生活帮助。

第十九条　法律援助机构应当依法为家庭暴力受害人提供法律援助。

人民法院应当依法对家庭暴力受害人缓收、减收或者免收诉讼费用。

第二十条　人民法院审理涉及家庭暴力的案件，可以根据公安机关出警记录、告诫书、伤情鉴定意见等证据，认定家庭暴力事实。

第二十一条　监护人实施家庭暴力严重侵害被监护人合法权益的，人民法院可以根据被监护人的近亲属、居民委员会、村民委员会、县级人民政府民政部门等有关人员或者单位的申请，依法撤销其监护人资格，另行指定监护人。

被撤销监护人资格的加害人，应当继续负担相应的赡养、扶养、抚养费用。

第二十二条　工会、共产主义青年团、妇女联合会、残疾人联合会、居民委员会、村民委员会等应当对实施家庭暴力的加害人进行法治教育，必要时可以对加害人、受害人进行心理辅导。

第四章　人身安全保护令

第二十三条　当事人因遭受家庭暴力或者面临家庭暴力的现实危险，向人民法院申请人身安全保护令的，人民法院应当受理。

当事人是无民事行为能力人、限制民事行为能力人，或者因受到强制、威吓等原因无法申请人身安全保护令的，其近亲属、公安机关、妇女联合会、居民委员会、村民委员会、救助管理机构可以代为申请。

第二十四条　申请人身安全保护令应当以书面方式提出；书面申请确有困难的，可以口头申请，由人民法院记入笔录。

第二十五条　人身安全保护令案件由申请人或者被申请人居住地、家庭暴力发生地的基层人民法院管辖。

第二十六条　人身安全保护令由人民法院以裁定形式作出。

第二十七条　作出人身安全保护令，应当具备下列条件：

（一）有明确的被申请人；

（二）有具体的请求；

（三）有遭受家庭暴力或者面临家庭暴力现实危险的情形。

第二十八条　人民法院受理申请后，应当在七十二小时内作出人身安全保护令或者驳回申请；情况紧急的，应当在二十四小时内作出。

第二十九条　人身安全保护令可以包括下列措施：

（一）禁止被申请人实施家庭暴力；

（二）禁止被申请人骚扰、跟踪、接触申请人及其相关近亲属；

（三）责令被申请人迁出申请人住所；

（四）保护申请人人身安全的其他措施。

第三十条　人身安全保护令的有效期不超过六个月，自作出之日起生效。人身安全保护令失效前，人民法院可以根据申请人的申请撤销、变更或者延长。

第三十一条　申请人对驳回申请不服或者被申请人对人身安全保护令不服的，可以自裁定生效之日起五日内向作出裁定的人民法院申请复议一次。人民法院依法作出人身安全保护令的，复议期间不停止人身安全保护令的执行。

第三十二条　人民法院作出人身安全保护令后，应当送达申请人、被申请人、公安机关以及居民委员会、村民委员会等有关组织。人身安全保护令由人民法院执行，公安机关以及居民委员会、村民委员会等应当协助执行。

第五章　法律责任

第三十三条　加害人实施家庭暴力，构成违反治安管理行为的，依法给予治安管理处罚；构成犯罪的，依法追究刑事责任。

第三十四条　被申请人违反人身安全保护令，构成犯罪的，依法追究刑事责任；尚不构成犯罪的，人民法院应当给予训诫，可以根据情节轻重处以一千元以下罚款、十五日以下拘留。

第三十五条　学校、幼儿园、医疗机构、居民委员会、村民委员会、社会工作服务机构、救助管理机构、福利机构及其工作人员未依照本法第十四条规定向公安机关报案，造成严重后果的，由上级主管部门或者本单位对直接负责的主管人员和其他直接责任人员依法给予处分。

第三十六条　负有反家庭暴力职责的国家工作人员玩忽职守、滥用职权、徇私舞弊的，依法给予处分；构成犯罪的，依法追究刑事责任。

第六章　附　则

第三十七条　家庭成员以外共同生活的人之间实施的暴力行为，参照本法规定执行。

第三十八条　本法自 2016 年 3 月 1 日起施行。

附件四

中华人民共和国未成年人保护法
（节选）

(1991 年 9 月 4 日第七届全国人民代表大会常务委员会第二十一次会议通过　2006 年 12 月 29 日第十届全国人民代表大会常务委员会第二十五次会议第一次修订　根据 2012 年 10 月 26 日第十一届全国人民代表大会常务委员会第二十九次会议《关于修改〈中华人民共和国未成年人保护法〉的决定》修正　2020 年 10 月 17 日第十三届全国人民代表大会常务委员会第二十二次会议第二次修订)

第二章　家庭保护

第十五条　未成年人的父母或者其他监护人应当学习家庭教育知识，接受家庭教育指导，创造良好、和睦、文明的家庭环境。

共同生活的其他成年家庭成员应当协助未成年人的父母或者其他监护人抚养、教育和保护未成年人。

第十六条　未成年人的父母或者其他监护人应当履行下列监护职责：

（一）为未成年人提供生活、健康、安全等方面的保障；

（二）关注未成年人的生理、心理状况和情感需求；

（三）教育和引导未成年人遵纪守法、勤俭节约，养成良好的思想品德和行为习惯；

（四）对未成年人进行安全教育，提高未成年人的自我保护意识和能力；

（五）尊重未成年人受教育的权利，保障适龄未成年人依法接受并完成义务教育；

（六）保障未成年人休息、娱乐和体育锻炼的时间，引导未成年人进行有益身心健康的活动；

（七）妥善管理和保护未成年人的财产；

（八）依法代理未成年人实施民事法律行为；

（九）预防和制止未成年人的不良行为和违法犯罪行为，并进行合理管教；

（十）其他应当履行的监护职责。

第十七条 未成年人的父母或者其他监护人不得实施下列行为：

（一）虐待、遗弃、非法送养未成年人或者对未成年人实施家庭暴力；

（二）放任、教唆或者利用未成年人实施违法犯罪行为；

（三）放任、唆使未成年人参与邪教、迷信活动或者接受恐怖主义、分裂主义、极端主义等侵害；

（四）放任、唆使未成年人吸烟（含电子烟，下同）、饮酒、赌博、流浪乞讨或者欺凌他人；

（五）放任或者迫使应当接受义务教育的未成年人失学、辍学；

（六）放任未成年人沉迷网络，接触危害或者可能影响其身心健康的图书、报刊、电影、广播电视节目、音像制品、电子出版物和网络信息等；

（七）放任未成年人进入营业性娱乐场所、酒吧、互联网上网服务营业场所等不适宜未成年人活动的场所；

（八）允许或者迫使未成年人从事国家规定以外的劳动；

（九）允许、迫使未成年人结婚或者为未成年人订立婚约；

（十）违法处分、侵吞未成年人的财产或者利用未成年人牟取不正当利益；

（十一）其他侵犯未成年人身心健康、财产权益或者不依法履行未成年人保护义务的行为。

第十八条 未成年人的父母或者其他监护人应当为未成年人提供安全的家庭生活环境，及时排除引发触电、烫伤、跌落等伤害的安全隐患；采取配备儿童安全座椅、教育未成年人遵守交通规则等措施，防止未成年人受到交通事故的伤害；提高户外安全保护意识，避免未成年人发生溺水、动物伤害等事故。

第十九条 未成年人的父母或者其他监护人应当根据未成年人的年龄和智力发展状况，在作出与未成年人权益有关的决定前，听取未成年人的意见，充分考虑其真实意愿。

第二十条 未成年人的父母或者其他监护人发现未成年人身心健康受到侵害、疑似受到侵害或者其他合法权益受到侵犯的，应当及时了解情况并采取保护措施；情况严重的，应当立即向公安、民政、教育等部门报告。

第二十一条 未成年人的父母或者其他监护人不得使未满八周岁或者由于身体、心理原因需要特别照顾的未成年人处于无人看护状态，或者将其交由无民事行为能力、限制民事行为能力、患有严重传染性疾病或者其他不适宜的人员临时照护。

未成年人的父母或者其他监护人不得使未满十六周岁的未成年人脱离监护单独生活。

第二十二条 未成年人的父母或者其他监护人因外出务工等原因在一定期限内不能完全履行监护职责的，应当委托具有照护能力的完全民事行为能力人代为照护；无正当理由的，不得委托他人代为照护。

未成年人的父母或者其他监护人在确定被委托人时，应当综合考虑其道德品质、家庭状况、身心健康状况、与未成年人生活情感上的联系等情况，并听取有表达意愿能力未成年人的意见。

具有下列情形之一的，不得作为被委托人：

（一）曾实施性侵害、虐待、遗弃、拐卖、暴力伤害等违法犯罪行为；

（二）有吸毒、酗酒、赌博等恶习；

（三）曾拒不履行或者长期怠于履行监护、照护职责；

（四）其他不适宜担任被委托人的情形。

第二十三条　未成年人的父母或者其他监护人应当及时将委托照护情况书面告知未成年人所在学校、幼儿园和实际居住地的居民委员会、村民委员会，加强和未成年人所在学校、幼儿园的沟通；与未成年人、被委托人至少每周联系和交流一次，了解未成年人的生活、学习、心理等情况，并给予未成年人亲情关爱。

未成年人的父母或者其他监护人接到被委托人、居民委员会、村民委员会、学校、幼儿园等关于未成年人心理、行为异常的通知后，应当及时采取干预措施。

第二十四条　未成年人的父母离婚时，应当妥善处理未成年子女的抚养、教育、探望、财产等事宜，听取有表达意愿能力未成年人的意见。不得以抢夺、藏匿未成年子女等方式争夺抚养权。

未成年人的父母离婚后，不直接抚养未成年子女的一方应当依照协议、人民法院判决或者调解确定的时间和方式，在不影响未成年人学习、生活的情况下探望未成年子女，直接抚养的一方应当配合，但被人民法院依法中止探望权的除外。

附件五

Locke–Wallace 婚姻调适测定

　　婚姻质量与人的心理健康有密切关系，国内外因婚姻问题而苦恼或寻求心理咨询者已不乏其人。客观评定一个已婚者的婚姻质量已成为临床工作和研究的一个迫切问题。Hamilton 在 1929 年首次采用量表对婚姻成功与否进行测定。此后，国外发展了许多这类量表，但它的不足之处均是条目太多。1941 年，Paul Horst 就建议在保证量表信度和效度的前提下，减少量表的条目。1959 年，Locke 和 Wallace 便着手从事这项工作，他们收集了所有测定婚姻调适的量表，共 383 个条目。从中筛选出了 15 个条目满足下列条件：1. 在原来的研究中有好的判别水平；2. 不与所收集的其他条目重复；3. 研究者认为其能反映婚姻调适的重要方面。这 15 个条目便构成了 Locke–Wallace 婚姻调适的测定。

　　目的：婚姻调适是指夫妻之间在一定的时间内的相互适应，该问卷的目的是客观地、定量地对夫妻的婚姻调适进行评估。

　　适用范围：对所有已婚者的婚姻调适均可用该问卷予以评定。

　　信度与效度：问卷作者将量表用于 236 个样本（118 位丈夫和 118 位妻子），其中大多数为白领阶层，没有或仅有一个孩子，婚龄在 1 年以上，丈夫及妻子的平均婚龄分别是 5.6 年及 5.3 年。结果发现信度系数为 0.90（由 split–half 法计算，由 Spearman–Brown formula 校正）。在样本中，经确证，有 48 人婚姻失调，将其作为一组（其中男 22 人，女 26 人），在样本中选择性别和年龄与婚姻失调组相当者共 48 人作对照组，他们的婚姻被其熟悉的朋友确认为调适良好。结果婚姻调适组的平均分为 135.9 分，婚姻失调组的平均分为 71.7 分，差别具有显著性，判别比（critical ratio）为 17.5。我们将该问卷翻译后在 25 名已婚个体中进行重测（间隔 10 天），相关函数为 0.59，提示信度（可靠度）较好。将该量表又应用于 118 对婚龄在 10 年、文化程度均在大专以上的夫妻，其中自觉对婚姻满意者（191 人）的问卷分为 113.5 分，自觉对婚姻不满意者（45 人）的问卷分为 83.5 分，检验两组差异有显著性（P<0.01），提示该问卷有效。

上述结果表明：该问卷有较好的信度和效度，因其测定了所要测量的婚姻调适。国外有关研究文献中也常见该问卷被采用。如美国肯特州大学的 Crowther 博士 1985 发表的《抑郁和婚姻失调的关系》一文中即应用了这一问卷。

使用方法、注意事项及结果解释：要求被测者独立完成问卷。各项答案的评分已在问卷中显示。问卷的总分为各条目得分的总和。问卷的评分范围为 2～158 分。分数愈高，婚姻调适愈好。问卷作者在问卷信效度的研究中发现：婚姻失调组中，评分低于 100 分者占 83%，在婚姻调适良好组中，评分高于 100 分者占 96%。

应用价值及心理意义：该问卷能真实可信地反映婚姻调适程度，在临床心理治疗及心理咨询中，该量表可帮助治疗者客观评定被治疗者的婚姻幸福程度，并可评定在治疗过程中婚姻调适的改善情况。另一主要用途是为有关研究提供一个可信赖的工具。

Locke — Wallace 婚姻调适测定

家庭角色：妻子　　丈夫

1. 请您选择下面一个点，使它能最好地描述您目前的婚姻/恋爱幸福程度。中间的点：幸福。代表大多数人的婚姻/恋爱幸福程度。一端代表在婚姻/恋爱中非常不幸福，另一端则代表在婚姻/恋爱中非常快乐或幸福。请将符合您情况的数字圈起来。

（0）	（2）	（7）	（15）	（20）	（25）	（35）
非常不幸福			幸福		极幸福	

2. 在处理家庭财政事务中，描述您及您的配偶之间意见一致或不一致的程度。

A. 总是意见一致（5）　　B. 几乎总是意见一致（4）

C. 偶尔意见不一致（3）　　D. 经常意见不一致（2）

E. 几乎总是意见不一致（1）　　F. 总是意见不一致（0）

3. 在娱乐方面的事，描述您及您的配偶之间意见一致或不一致的程度。

A. 总是意见一致（5）　　B. 几乎总是意见一致（4）

C. 偶尔意见不一致（3）　　D. 经常意见不一致（2）

E. 几乎总是意见不一致（1）　　F. 总是意见不一致（0）

4. 在感情的表示上，描述您及您的配偶之间意见一致或不一致的程度。

A. 总是意见一致（8）　　B. 几乎总是意见一致（6）

C. 偶尔意见不一致（4）　　D. 经常意见不一致（2）

E. 几乎总是意见不一致（1）　　F. 总是意见不一致（0）

5. 在对待朋友方面，描述您及您的配偶之间意见一致或不一致的程度。

A. 总是意见一致（5）　　B. 几乎总是意见一致（4）

C. 偶尔意见不一致（3）　　　D. 经常意见不一致（2）

E. 几乎总是意见不一致（1）　　F. 总是意见不一致（0）

6. 在对待性的态度上，描述您及您的配偶之间意见一致或不一致的程度。

A. 总是意见一致（15）　　　B. 几乎总是意见一致（12）

C. 偶尔意见不一致（9）　　　D. 经常意见不一致（4）

E. 几乎总是意见不一致（1）　　F. 总是意见不一致（0）

7. 在各自的生活习惯上，描述您及您的配偶之间意见一致或不一致的程度。

A. 总是意见一致（5）　　　B. 几乎总是意见一致（4）

C. 偶尔意见不一致（3）　　　D. 经常意见不一致（2）

E. 几乎总是意见不一致（1）　　F. 总是意见不一致（0）

8. 在人生观上，描述您及您的配偶之间意见一致或不一致的程度。

A. 总是意见一致（5）　　　B. 几乎总是意见一致（4）

C. 偶尔意见不一致（3）　　　D. 经常意见不一致（2）

E. 几乎总是意见不一致（1）　　F. 总是意见不一致（0）

9. 在对待婚姻的方式上，描述您及您的配偶之间意见一致或不一致的程度。

A. 总是意见一致（5）　　　B. 几乎总是意见一致（4）

C. 偶尔意见不一致（3）　　　D. 经常意见不一致（2）

E. 几乎总是意见不一致（1）　　F. 总是意见不一致（0）

10. 当意见不一致时，其通常导致：

A. 丈夫让步（0）

B. 妻子让步（2）

C. 相互让步而达到意见一致（10）

11. 您和您的配偶一起从事感兴趣的户外活动吗？

A. 完全一起（10）　　　　　B. 有时（8）

C. 极少数时间（3）　　　　　D. 没有（0）

12. 在闲暇时，您和您的配偶通常宁愿：

A. 双方均待在家里：（10）　　B. 双方均外出活动：（3）

C. 双方不一致：（2）

（1）您通常宁愿　　　A. 待在室内　　B. 外出活动

（2）您的伴侣通常宁愿　A. 待在室内　　B. 外出活动

13. 您曾经后悔过结婚吗？

A. 经常（0）　　　　　　　　B. 偶尔（3）

C. 极少（8）　　　　　　　　D. 从没有（15）

14. 如果您再重新生活一次。您认为您将：

A. 与同一个人结婚（15）　　B. 与另一个人结婚（0）

C. 完全不结婚（1）

15. 您信任您的配偶吗？

A. 几乎不（0）　　　　　　　B. 极少（2）

C. 在大多数事情上（10）　　D. 在每件事情上（10）

将您所选择答案括号里的分数相加，分值越高说明您婚姻越幸福。

附件六

家庭功能评定量表（FAD）
相关说明及问卷

一、编制背景

自 20 世纪 60 年代以来，精神病学家和心理治疗家对家庭治疗的兴趣与日俱增，有关家庭治疗和家庭功能的文章层出不穷。因此，设计出可信的评定家庭功能的工具便成为一个首要问题。以前有研究表明：家庭功能主要与家庭系统中的相互作用和系统性质有关，而与家庭成员的内心活动关系不大。因此，作者设计出了 FAD，用以收集整个家庭系统的各个方面的资料。在设计 FAD 时，条目的选择参照了以往的一些研究结果，并依据 McMaster 的家庭功能模式（McMaster Model of Family Functioning，MMFF）来确定量表的测定范围。FAD 起初含 240 个条目，第二次修订后含 53 个条目，第三次修订后又增加了 7 个条目，共 60 个条目。MMFF 将家庭功能概括为以下 7 个方面，即 FAD 的 7 个分量表。

1. 问题解决（Problem Solving，PS）：指在维持有效的家庭功能水平时，这个家庭问题（指威胁到家庭完整和功能容量的问题）解决的能力，包含以下条目：2，12，24，38，50，60。

2. 沟通（Communication，CM）：家庭成员的信息交流，重点在言语信息的内容是否清楚，信息传递是否直接。包含以下条目：3，14，18，22，29，35，43，52，59。

3. 角色（Roles，RL）：指家庭是否建立了完成一系列家庭功能的行为模式，如提供生活来源、营养和支持、支持个人发展、管理家庭、提供成人性的满足。此外，还包括任务分工是否明确和公平，及家庭成员是否认真地完成了任务，本分表包含的条目是：4，8，10，15，23，30，34，40，45，53，58。

4. 情感反应（Affective Responsiveness，AR）：评定家庭成员对刺激的情感反应程度，包含的条目为：9，19，28，39，49，57。

5. 情感介入（Affective Involvement，AI）：评定家庭成员相互之间对对方的活动和一些事情关心和重视的程度，包含的条目为：5，13，25，33，37，42，54。

6. 行为控制（Behavior Control，BC）：评定一个家庭的行为方式，在不同的情形下有不同的行为控制模式，本分表包含的条目有：7，17，20，27，32，44，47，48，55。

7. 总的功能（General Functioning，GF）：从总体上评定家庭的功能，共有 12 个条目：1，6，11，16，21，26，31，36，41，46，51，56。

二、目的

FAD 仅是一个筛选问卷，其目的是简单有效地找到家庭系统中可能存在的问题。FAD 所确定的问题均可进一步在生物、心理和社会因素方面进行探讨。

三、适应范围

FAD 在涉及家庭功能评定的各种科研和临床工作中，均可作为一种工具被采用。

四、信度、效度检验

量表作者对 FAD 的信、效度作过反复测定，均提示 FAD 有较好的信度和效度。最近的一次信效度研究（1985 年）情况：

1. FAD 与社会性期望（Social Desirability）的关系：样本为随机

选取的 72 个家庭共 164 人，结果表明 FAD 的 7 个量表分与社会性愿望量表分的相关系数为 -0.19 ~ -0.06，提示社会性期望对家庭功能并不产生重要的影响。

2. 重测信度与平行效度：对 45 名健康者的两次 FAD 分（间隔 1 周）的分析显示，信度系数分别为 PS0.66，CM0.72，RL0.75，AR0.76，AI0.67，BC0.73，GF0.71。对同一样本，比较 FAD 及家庭单元问卷（Family Unit Inventory，FUI）的一些分量表，这些分量表从理论上分析应有相关的 8 个量表中，相关分析结果显示，6 个相关系数达 0.5 以上（0.51~0.75），一个相关系数为 0.48。提示 FAD 与 FUI 有较好的平行效度。FAD 与测定家庭功能的另一问卷 FACES Ⅱ 的比较分析也获得了类似的结果。

3. 判别效度：根据有经验的治疗者对 42 个家庭的家庭功能评定结果，将家庭分为健康和不健康 2 组，再比较每组的 FAD 的 7 个分量表，此检验结果表明：仅行为控制在两组间差异未达显著性（P = 0.12），两组间其余各量表分的差异有显著性（P ≤ 0.01）。故在 FAD 的 7 个分量表中，有 6 个分量表能对家庭功能作出正确的评价。

将翻译后的问卷用于 25 名已婚者中作信度检验（间隔 10 天），除问题解决分量表的相关系数稍低（r = 0.32），其余 6 个分量表有的相关系数在 0.5 以上（0.54~0.77），提示 FAD 有较好的信度。

五、使用方法及注意事项

1. 要求年龄在 12 岁以上的家庭成员都要完成 FAD 问卷。

2. FAD 的每个条目有 4 个答案供选择，其评分为：

非常同意（或很像我家）= 1　同意（或像我家）= 2

不同意（或不像我家）= 3　完全不同意（或完全不像我家）= 4

对不健康的条目（带 * 号者），其评分为 5 - 实际得分。这样，对所有的条目来说，1 分代表健康，4 分代表不健康，每个量表的各条目得分的平均数即为该量表的得分，评分范围为 1~4 分。如果一个分量表的条目有 40%未被回答，则该量表不予计分。

六、结果的解释

参见五——使用方法及注意事项。

七、应用价值及理论意义

FAD 的理论基础是"McMaster 家庭功能模式"，其所测定的家庭功能的范围与临床关系。

家庭功能评定

指导语：这个小册子包含了一些对家庭的描述，请仔细阅读每一项，并根据近 2 个月您对您家庭的看法，在 4 个可能的答案中圈选出形容您家庭最接近的数字。选择答案的原则是：

很像我家：这一项非常准确地描述了您的家庭，得 1 分；

像我家：这一项大致上描述了您的家庭，得 2 分；

不像我家：这一项不太符合您的家庭，得 3 分；

完全不像我家：这一项完全不符合您的家庭，得 4 分。

对家庭的描述	很像我家	像我家	不像我家	完全不像我家
*1. 由于我们彼此误解，难以安排一些家庭活动				
2. 我们在住处附近解决大多数日常问题				
3. 当家中有人烦恼时，其他人知道他为什么烦恼				
*4. 当您要求某人去做某事时，您必须检查他们是否做了				
*5. 如果某人遇到麻烦时，其他人会过分关注				
6. 发生危机时，我们能相互支持				

对家庭的描述	很像我家	像我家	不像我家	完全不像我家
＊7. 当发生出乎预料的意外时，我们手足无措				
＊8. 我们家时常把我们所需要的东西用光了				
＊9. 我们相互都不愿流露自己的感情				
10. 我们肯定家庭成员都尽到了各自的家庭职责				
＊11. 我们不能相互谈论自己的忧愁				
12. 我们常根据自己对问题的决定去行动				
＊13. 您的事只有对别人也重要时，他们才会感兴趣				
＊14. 从那些人正在谈的话中，您不明白其中一个人是怎么想的				
＊15. 家务事没有由家庭成员充分分担				
16. 每个人是什么样的，都能被别人认可				
＊17. 您不按规矩办事，却很易逃脱处分				
18. 大家都把事情摆在桌面上说，而不用暗示的方法				
＊19. 我们中有些人缺乏感情				
20. 在遇到突发事件时，我们知道怎么处理				
＊21. 我们避免谈及自己害怕和关注的事				
＊22. 我们难得相互说出温存的感受				

对家庭的描述	很像我家	像我家	不像我家	完全不像我家
＊23. 我们遇到经济困难				
24. 在我们家试图解决一个问题之后，通常要讨论这个问题是否已解决				
＊25. 我们太以自我为中心了				
26. 我们能相互表达出自己的感受				
＊27. 我们对梳妆服饰习惯无明确要求				
＊28. 我们彼此间不表示爱意				
29. 我们对人说话都直说，而不转弯抹角				
30. 我们每个人都有特定的任务和职责				
＊31. 家庭的情绪氛围很不好				
32. 我们有惩罚人的原则				
＊33. 只有当某事使我们都感兴趣时，我们才一起参加				
＊34. 没有时间去做自己感兴趣的事				
＊35. 我们常不把自己的想法说出来				
36. 我们感到我们能被别人容忍				
＊37. 只有当某件事对个人有利时我们相互才感兴趣				
38. 我们能解决大多数情绪上的烦恼				

续表

对家庭的描述	很像 我家	像我家	不像 我家	完全不像 我家
*39. 在我们家，亲密和温存居次要地位				
40. 我们讨论谁做家务				
*41. 在我们家对事情作出决定是困难的				
*42. 我们家的人只有在对自己有利时，才彼此关照				
43. 我们相互间都很坦率				
*44. 我们不遵从任何规则和标准				
*45. 如果要人去做某件事，他们常需别人提醒				
46. 我们能够对如何解决问题作出决定				
*47. 如果原则被打破，我们不知道将会发生什么事				
*48. 在我们家任何事都行得通				
49. 我们将温存表达出来				
50. 我们镇静地面对涉及感情的问题				
*51. 我们不能和睦相处				
*52. 我们一生气，就互不讲话				
*53. 一般来说，我们对分配给自己的家务活都感到不满意				
*54. 尽管我们用意良好，但还是过多地干预了彼此的生活				

对家庭的描述	很像我家	像我家	不像我家	完全不像我家
55. 我们有应付危险情况的原则				
56. 我们相互信赖				
57. 我们当众哭出来				
*58. 我们没有合适的交通工具				
59. 当我们不喜欢有的人的所作所为时，就会给他指出来				
60. 我们想尽各种办法来解决问题				

注：*为不健康条目，该项最后得分为用 5 减去表中得分。

附件七

家庭暴力案件危险性评估量表

（暴力受害人填写或由调解工作人员协助填写）

填表单位：＿＿＿＿＿＿＿＿＿＿＿＿＿＿＿　　填表人：＿＿＿＿＿＿

日期：＿＿＿＿年＿＿月＿＿日

基本情况：

受害人姓名：＿＿＿＿＿＿＿＿年龄：＿＿岁　性别：女□　男□

职　　业：无业□　全职工作□　兼职工作□

婚姻状况：已婚且同居□　已婚但分居□　离异□

　　　　　未婚但同居□　其他□

教育程度：小学及以下□　初中□　高中/中专/职高□

　　　　　大专或本科□　硕士及以上□

居住地：＿＿＿＿＿＿＿区（县、市）＿＿＿＿＿＿＿（乡、镇、村）

联系电话：＿＿＿＿＿＿＿＿

伴侣姓名：＿＿＿＿＿＿＿＿　年龄：＿＿＿＿岁

职业：无业□　全职工作□　兼职工作□

教育程度：小学及以下□　初中□　高中、中专/职高□

　　　　　大专或本科□　硕士及以上□

行为嗜好：酗酒□　吸毒□　有无前科（请注明＿＿＿＿＿＿＿＿＿）

量表填答：

根据每道题的有无在右边的"是""否"栏内打钩（√）	是	否
1. 曾威胁要杀您		
2. 您相信他也能杀您		
3. 控制大部分生活		
4. 对您有暴力且经常性地忌妒（如曾说我若不能拥有您，其他人也不能）		
5. 他曾威胁要自杀，或尝试要自杀		
6. 他有没有对您说过"要离婚或分开就一起死"或"要死一起死"		
7. 他曾威胁您，要伤害您娘家的人，以阻止您离开他		
8. 您是否认为，他一定会在未来的两个月内对您进行身体上的伤害		
9. 在您与他的关系变得不好后，他是否曾经监视您		
特别提示题（不计入总分）	是	否
（1）曾有使您不能呼吸的行为（如勒脖子、压头入水、用枕头闷）		
（2）曾有除了使您不能呼吸以外的其他明显的致命行为（如推下楼、灌毒药、泼硫酸、泼汽油）		
备注： （1）3分及以下："低危险"；4~5分："中危险"；6分及以上："高危险" （2）选了特别提示题任一题，均为高致命危险		

附件八

婚姻家庭辅导服务

（MZ/T 084—2017，中华人民共和国民政部
2017 年 3 月 8 日发布，2017 年 3 月 20 日起实施）

婚姻家庭辅导服务

1 范围

本标准规定了婚姻家庭辅导服务方面的定义以及机构、人员、设施设备、服务等要求。

本标准适用于各级婚姻登记机构提供的婚姻家庭辅导服务。

2 规范性引用文件

下列文件对于本文件的应用是必不可少的。凡是注日期的引用文件，仅所注日期的版本适用于本文件。凡是不注日期的引用文件，其最新版本（包括所有的修改单）适用于本文件。

MZ/T 024—2011 婚姻登记机关等级评定标准

3 术语和定义

下列术语和定义适用于本文件。

3.1

婚姻家庭辅导 marriage and family counseling

婚姻登记机构为当事人提供的婚姻家庭关系方面的指导帮助。

3.2

婚姻家庭辅导员 marriage and family counselor

受婚姻登记机构指派或委托，向服务对象提供婚姻家庭辅导服务的具有相关专业知识和技能的人员。

3.3

婚姻家庭辅导室 room for marriage and family counseling

婚姻登记机构设置的为服务对象提供婚姻家庭辅导服务的场所。

3.4

离婚调适 divorce adjustment

对离婚当事人进行心理、情感、行为等方面的控制和调整，使之更好地适应离婚后的生活。

4 机构要求

4.1 婚姻登记机构可以通过婚姻登记员考取相关专业资质兼任婚姻家庭辅导员，或通过聘用专业人员、购买社会服务等方式，保障婚姻家庭辅导工作的正常开展。

4.2 婚姻登记机构应对婚姻登记员报考社工资格、心理咨询师资格、婚姻家庭咨询师资格或律师资格通过适当方式予以鼓励。

5 人员要求

5.1 婚姻家庭辅导员应符合 MZ/T 024 中相关要求，婚姻家庭辅导员或其所在机构应与婚姻登记机构签订《保密协议》（见附录 A）。

5.2 婚姻家庭辅导员应佩戴工作牌，工作牌应含姓名、照片、资格类别等信息。

5.3 婚姻家庭辅导员在开展辅导服务过程中，应遵守以下职业伦理：

　　——接纳和尊重；

　　——保护隐私；

——个别化和非评判；

——助人自助。

5.4 婚姻家庭辅导员应做好辅导服务的统计工作，填写《婚姻家庭辅导服务统计表》（见附录 B）。

5.5 婚姻登记机构应当制作婚姻家庭辅导服务档案并妥善保管。

6 设施设备要求

6.1 设施要求

6.1.1 婚姻登记机构应设置独立的婚姻家庭辅导室，辅导室数量应满足日常辅导服务需求。

6.1.2 婚姻家庭辅导室应设在相对安静的区域，每间婚姻家庭辅导室的使用面积不少于 $15m^2$。

6.1.3 婚姻家庭辅导室应设有明显标志，方便识别。

6.1.4 婚姻家庭辅导室应具有较强的私密性，内部环境要求简洁、温馨、舒适，整体色调宜采用温和、平静的色调。

6.1.5 婚姻家庭辅导室应悬挂接受辅导须知、辅导服务流程、辅导员简介、辅导员职业守则、举报投诉电话等信息。

6.2 设备要求

6.2.1 婚姻家庭辅导室应配备桌椅、电脑、电话等办公设备。

6.2.2 婚姻家庭辅导室可以配备茶几、沙发等辅导家具，沙发的摆放宜避免使服务对象正对门窗或辅导员。

6.2.3 婚姻家庭辅导室应备有饮用水和纸巾，以及有助于服务对象放松的专业设备。

6.2.4 婚姻家庭辅导室应悬挂体现婚姻文化的宣传箴言、图画。

6.2.5 婚姻家庭辅导室应有相应的资料储存柜，以保障前来辅导个体的隐私性材料保密。

7 服务要求

7.1 基本要求

7.1.1 服务方式

婚姻家庭辅导应采取多种方式进行，可以个案辅导为主，以小组活动、集中讲座等为辅。

婚姻家庭辅导应积极运用互联网、手机 App 软件等信息化手段提供服务。

7.1.2 服务流程

婚姻家庭辅导应按以下基本服务流程开展：

——接待询问；

——预估受理；

——签订《隐私保护协议》（见附录 C）；

——需求分析；

——分类辅导；

——效果评估；

——结案归档；

——跟踪服务。

7.1.3 服务类型

婚姻家庭辅导应包括以下主要服务类型：

——婚前辅导；

——婚姻关系辅导；

——家庭关系辅导；

——离婚调适辅导。

7.2 服务内容

7.2.1 婚前辅导

婚前辅导应包括以下主要内容：

——正确的婚姻家庭观；

——婚前心理评估或心理辅导；

——婚前心理调适建议；

——婚前法律咨询。

7.2.2 婚姻关系辅导

婚姻关系辅导应包括以下主要内容：

——婚姻质量评估；

——婚姻冲突调适；

——情感危机处置；

——重大变故处置。

7.2.3 家庭关系辅导

家庭关系辅导应包括以下主要内容：

——家庭关系评估；

——家庭冲突调适；

——亲子关系指导。

7.2.4 离婚调适辅导

离婚调适辅导应包括以下主要内容：

——原因分析；

——心理调适；

——再婚评估；

——法律咨询。

7.3 效果评估

辅导服务结束后，服务对象、婚姻家庭辅导员和婚姻登记机构应对辅导效果进行评估。

7.4 回访跟踪

辅导服务结束后，婚姻家庭辅导员应在征得服务对象同意的前提下，确定回访跟踪时间。如当时未就回访跟踪时间达成一致，婚姻家庭辅导员应在服务结束后三个月左右对服务对象进行电话回访。

7.5 质量改进

7.5.1 婚姻家庭辅导员应建立婚姻家庭辅导服务质量体系，并保证服务质量体系的持续改进。

7.5.2 婚姻家庭辅导员应如实记录婚姻家庭辅导情况，填写《婚姻家庭辅导工作记录表》（见附录 D），并妥善保管。

7.5.3 婚姻登记机构应监督婚姻家庭辅导员服务的开展，受理服务对象的投诉。

7.5.4 婚姻家庭辅导服务应自觉接受服务对象、婚姻登记机构及行业协会的监督，积极采取改进措施，不断提升服务质量。

附录A

（资料性附录）

保密协议

表A.1给出了保密协议的样式。

表A.1　保密协议

<table>
<tr><td>

保密协议

甲方（婚姻登记机构）：
乙方（个人/单位）：
　　身份证号码/法人证书编号：
　　资格证编号/组织机构代码：

　　根据开展婚姻家庭辅导工作需求，甲方招募/聘用乙方在婚姻登记机构开展婚前辅导、婚姻家庭咨询、离婚劝导和调解、法律咨询等婚姻家庭辅导工作，无偿为辅导对象提供婚姻家庭辅导服务。为切实保护辅导对象个人信息，维护辅导对象合法权益，甲乙双方自愿签订本协议。
　　第一条　乙方不得将开展婚姻家庭辅导工作期间所接触的辅导对象个人信息以任何方式泄露或传播。
　　第二条　乙方不得将从他人之处或以其他途径听到或看到的辅导对象个人信息以任何方式泄露或传播。
　　第三条　乙方应采取相应措施，确保辅导对象个人信息不被泄露或传播。
　　第四条　因乙方原因导致辅导对象个人信息泄露或传播的，乙方应承担相应的法律责任，甲方有权追究乙方的法律责任。
　　第五条　因乙方原因导致辅导对象个人信息泄露或传播，甲方因此遭受损失的，由乙方承担。
　　第六条　本协议在任何时候都对乙方有约束力。
　　第七条　本协议一式两份，甲乙双方各执一份。

甲方（盖章）：

乙方（签名）：

年　　月　　日

</td></tr>
</table>

附录 B

（资料性附录）

婚姻家庭辅导服务统计表

表 B.1 给出了婚姻家庭辅导服务统计表的样式。

表 B.1　婚姻家庭辅导服务统计表

填报单位：　　　　　　统计期间：　　　　　　填报日期：

辅导员姓名	出勤数（天）	辅导类别					辅导满意（件）
		小计	婚前辅导（件）	婚姻关系辅导（件）	家庭关系辅导（件）	离婚调适辅导（件）	
合计							

附录 C

(资料性附录)

隐私保护协议

表 C.1 给出了隐私保护协议的样式。

表 C.1　隐私保护协议

隐私保护协议

甲方（婚姻家庭辅导员）：
乙方（辅导对象）：

为保护乙方个人信息和隐私，维护乙方合法权益，甲乙双方签订协议如下：

一、甲方对乙方的信息和辅导过程严格保密，不得泄露或传播。

二、在辅导过程中，甲方一旦发现乙方有危害自身及他人的情形，应采取必要的措施（如通知有关部门或家属，或与其他婚姻家庭辅导员磋商），防止意外事件的发生，但应将有关隐私的暴露程度控制在最低范围之内。

三、婚姻家庭辅导工作中的有关信息包括个案记录、测验资料、信件和其他资料均属专业信息，甲方应在严格保密的情况下进行保存。

四、甲方因专业需要进行案例讨论，或采用案例进行教学、科研、写作等工作时应隐去那些可能据以辨认出辅导对象的有关信息。

五、甲方违反保密的义务，应承担相应的法律责任。

六、本协议一式三份，甲乙双方及婚姻登记机构各执一份。

甲方签名：　　　　　　　　　乙方签名：

　年　　月　　日　　　　　　　年　　月　　日

附录 D

（资料性附录）

婚姻家庭辅导工作记录表

表 D.1 给出了婚姻家庭辅导工作记录表样式。

表 D.1　婚姻家庭辅导工作记录表

年　　月　　日（上午/下午）　　　　　　　　婚姻家庭督导员：

	姓名	性别	家庭身份	身份证号码	婚姻状况	婚龄	文化程度	职业	电话
基本情况									
辅导类别	□婚前辅导　　□婚姻关系辅导　　□家庭关系辅导 □离婚调适辅导								
询问笔录									
介入评估									
辅导结果	□表示和好　　□暂缓离婚　　□选择离婚 □满意　　□基本满意　　□不满意　　其他＿＿＿＿＿＿								
备注									

参考文献

［1］婚姻登记条例　2003 年 8 月 8 日

参 考 文 献

1. CHARLTON R，DEWDNEY M. The mediator's handbook：skills and strategies for practitioners ［M］. Sydney：Law Book Co.，2004.

2. BURLEY-ALLEN M . Listening：the forgotten skill ［M］. New York：John Wiley & Sons，1982.

3. DING M. Managing the communication process in mediation ［M］// FOLBERG J，MILNE A L，SALEM P. Divorce and family mediation. New York：The Guilford Press，2004.

4. SPANGLER B. Reality testing ［EB/OL］.（2023-11）［2024-02-01］. http：//www. beyondintractability. org/essay/reality_ testing.

5. 维吉尼亚·萨提亚，约翰·贝曼，玛利亚·葛莫莉，等 . 萨提亚家庭治疗模式 ［M］. 聂晶，译 . 北京：世界图书出版公司，2007.

6. 许维素 . 建构解决之道：焦点解决短期治疗 ［M］. 宁波：宁波出版社，2012.

7. 来文彬 . 家事调解制度研究 ［M］. 北京：群众出版社，2014.

8. 许维素 . 尊重与希望：焦点解决初学手册 ［M］. 宁波：宁波出版社，2018.

9. 许莉 . 家事调解理论与实务 ［M］. 北京：法律出版社，2021.

10. 欧文·D. 亚隆 . 成为我自己：欧文·亚隆回忆录 ［M］. 杨立华，郑世彦，译 . 北京：机械工业出版社，2022.

11. 蔡娟 . 枫桥经验之婚姻家事调解案例 ［M］. 杭州：浙江工商大学出版社，2023.

后 记

为了深入贯彻"调解优先、全程调解"的原则，并确保调解过程的自愿、合法，积极化解夫妻感情危机，加强家事调解员队伍专业化和工作规范化建设，维护当事人的合法权益，"法理情"家事支援服务项目联动法院、妇联，并签订联动合作协议，同时在法院设立工作站点，为处于婚姻家事案件诉讼阶段或已完成诉讼阶段的妇女、未成年人提供情绪支持和生活规划等支援性服务。这些服务旨在帮助当事人正确释放负面情绪，理性面对问题，从而减少家庭矛盾和冲突，推动婚姻家庭辅导服务的全面发展。

在本教程的编写过程中，得到了多位专家和机构的慷慨支持和协助。其中，家事调解服务概述部分由白云恒福时任执行总监李伯平及其团队张雪冰、王嘉莹、曹敏菁协助；家事调解的流程和模式部分主要由张雪冰、王嘉莹详细介绍；调解期间突发情况的处理和风险管理表由张雪冰、王嘉莹制作；离婚纠纷的家事调解部分由黄佩仪分享；婚姻暴力的家事调解部分主要由龙淦提供深入的分析；亲子关系问题的家事调解部分由徐楚钧、魏小梅给予建议；而涉毒人员的家事调解部分由马秀凤作了详细介绍。在此，我们对他们的贡献表达衷心的感谢！

王雪莲

2024 年 6 月